中国资产托管行业发展报告

（2013）

中国银行业协会托管业务专业委员会
中国资产托管行业发展报告课题组 编著

中国金融出版社

责任编辑：孔德蕴　张怡姮
责任校对：刘　明
责任印制：裴　刚

图书在版编目（CIP）数据

中国资产托管行业发展报告（Zhongguo Zichan Tuoguan Hangye Fazhan Baogao）. 2013/中国银行业协会托管业务专业委员会，中国资产托管行业发展报告课题组编著. —北京：中国金融出版社，2014.10

ISBN 978 - 7 - 5049 - 7659 - 8

Ⅰ. ①中…　Ⅱ. ①中…②中…　Ⅲ. ①商业银行—资产管理—研究报告—中国—2013　Ⅳ. ①F832.33

中国版本图书馆CIP数据核字（2014）第213899号

出版发行　中国金融出版社

社址　北京市丰台区益泽路2号
市场开发部　（010）63266347，63805472，63439533（传真）
网 上 书 店　http://www.chinafph.com
（010）63286832，63365686（传真）
读者服务部　（010）66070833，62568380
邮编　100071
经销　新华书店
印刷　北京侨友印刷有限公司
装订　平阳装订厂
尺寸　169毫米×239毫米
印张　12
字数　156千
版次　2014年10月第1版
印次　2014年10月第1次印刷
定价　65.00元
ISBN 978 - 7 - 5049 - 7659 - 8/F. 7219

DEVELOPMENT REPORT
of CHINA ASSET CUSTODY INDUSTRY(2013)

2013

中国资产托管行业发展报告

编委会

DEVELOPMENT REPORT
of CHINA ASSET CUSTODY INDUSTRY(2013)

2013 中国资产托管行业发展报告

序　言

中国资产托管行业起步于1998年，在企业、政府、社会各方的共同努力下，在社会主义市场经济大潮中，一路高歌，快速发展。从最初仅有的5家托管银行发展到目前的26家托管银行；从单一的证券投资基金托管产品，拓展到保险、信托、理财等多元金融产品；从境内市场延伸到国际市场；从金融领域拓宽到实体经济、公益事业、财政等领域，成为银行与基金、证券、保险、信托等行业合作的有效平台和连接货币、资本和实业三个领域的重要纽带。资产托管行业是保障国家经济金融安全的一道重要防线，在整个国民经济发展过程中发挥着重要作用。

一是能够有效保障融资资金的安全。在金融脱媒的发展趋势下，资金直接融通过程需要一种制度安排来保障资金安全，托管制度能有效防范资产管理人的道德风险，提升交易公信力和受托资产的安全性。同时，商业银行需要在直接融资资本市场的发展中去寻找新的业务增长点，托管就是其中之一。

二是能够助推商业银行的转型发展。随着利率市场化改革的不断深化和银行业息差空间的逐步缩小，商业银行加速中间业务的创新和发展。托管业务属于轻资本业务，几乎不占用风险资本，受信用风险和市场风险影响较小，可降低商业银行对高资本消耗业务的依赖，是商业银行向“低资本消耗，可持续增长”转型的重要通道。

三是有利于促进实体经济发展。资产托管业务通过信托保管、产业基金托管、私募股权基金托管、保险债权计划托管等，为金融资本进入实体经济牵线搭桥、撮合交易。虽然托管人不是资金的实际提供方，但托管机制从制度上防止了资金挪用等风险，提升了投资者信心，实现了资产和资金的有效对接。

四是有助于构建社会诚信体系。资产托管机制能有效消除市场信息的不对称，实现社会资金的规范化运作，提高社会信用，防范道德风险，提高交易及投资管理效率，保障各类投资者财富安全，防控金融市场风险，是社会诚信体系建设的重要组成部分。

《中国资产托管行业发展报告》是中国银行业协会托管业务专业委员会组织编撰的年度系列报告。《中国资产托管行业发展报告（2013）》不仅多维度地展示了2013年中国托管行业的发展全貌和趋势，多视角地介绍了业务创新亮点和全球化发展情况，多层次地分析、解读了2013年出台的行业重要法规，更是首次系统地从理论和实践角度，阐述了资产托管业务在国家经济金融安全、经济社会和谐稳定、促进对外开放、社会诚信体系建设和商业银行转型发展中的重要作用，为中国资产托管行业的发展做了一次全面而深刻的总结，是托管业务理论和实践研究的有益探索。

回首过去，资产托管行业开拓创新、高速增长、多元发展，为中国金融市场发展画上了浓墨重彩的一笔。展望未来，随着中国经济金融的发展，资产托管行业将迎来更为广阔的发展空间。凭借科学的制度设计和成熟的业务模式，托管行业将不断探索新的服务领域，在国家重大项目投资、社会保障领域、民生领域、国家主权投资基金、各类客户资产等领域提供更为广泛的服务，为国民经济发展作出更大的贡献。同时，“大资管”浪潮汹涌澎湃，互联网金融异军突起，经济全球化和人民币国际化进程日益加速，带来无限机遇，资产托管行业发展前景广阔、潜力无限。

当前，宏观经济形势正在发生变革，改革开放加速深化，经济结构调整逐步深入。面临机遇和挑战，中国资产托管行业亟须走出一条规范化、精细化的发展道路，坚持专业化经营、差异化发展，注重风险防范，实现行业的有效竞合。托管业务专业委员会应该在规范市场、分享信息、交流经验、协调关系等方面发挥更大的作用，引领业界同仁，在日益开阔的蓝海中做大做强中国的资产托管行业！

中国银行业协会专职副会长

2013 中国资产托管行业发展报告

前 言

《中国资产托管行业发展报告》是中国银行业协会托管业务专业委员会组织编写、发布和出版的资产托管行业权威年度报告。《中国资产托管行业发展报告（2013）》（以下简称《报告》）既有对托管行业年度发展的分析总结，又有托管行业发展的回顾展望，既有对业务现状和服务创新的解读，又有政策背景和发展趋势的研究，既有对托管业务作用全面系统的介绍，又有对行业热点问题的阐述，是托管行业发展成果的完好体现。《报告》由交通银行牵头，中国工商银行、中国农业银行、中国建设银行、招商银行、中信银行、上海浦东发展银行、兴业银行共同编纂，全体会员单位积极参与，是资产托管行业集体智慧的结晶！

《报告》以党的十八大和十八届三中全会精神为指导，认真总结了我国资产托管行业贯彻落实科学发展观，从无到有、从小到大、从单一到多元，从国内到国际的发展历程。《报告》实事求是地分析总结了托管行业在社会主义市场经济建设中的作用，充分展现了托管行业保障国家经济金融安全的重要贡献，提出了建设保障国家经济金融安全的现代托管行业这一发展主题。

一是着力展现资产托管业务对国家经济金融安全的贡献。历经了16年发展，托管行业已经成为中国当代经济体系不可或缺的基本元素，截至2013年末，托管资产规模达35万亿元，占GDP的61.5%、银行资产的23.2%、银行存款的32.67%、A股市值的147.2%。资产托管业务依托第三方独立托管模式，实现了证券、基金、保险、理财、信托、债券、养老金和跨境投资市场的全面覆盖，且未出现重大风险事件，有力地保障了国际经济金融安全。

二是着力展现资产托管业务对促进社会和谐稳定的贡献。托管银行以独立的投资监督模式，对受托资产管理人形成有效的外部约束机制，为数亿境内外个人客户，数万家境内外企业事业单位的投资资产，承担资产保管银行、资金清算银行、信息披露银行、资产估值银行、投资监督银行、现金管理银行六个角色，有效消除市场信息不对称，实现社会资金规范化运作，防范信用风险及道德风险，提高交易及投资管理效率，保障各类投资者财富安全，促进资本及财富市场繁荣，以有效的经济手段为社会和谐稳定提供了重要保障。

三是着力展现资产托管业务对社会信用体系建设的贡献。资产托管行业作为第三方独立监督者，依据相关法律法规和托管协议，独立、公平、公正地履行权利和义务，构筑出资人、管理人、托管人三位一体的社会信用体系“金三角”，为我国社会诚信体系建设作出重要贡献。

四是着力展现资产托管业务对境内外跨境交易和全球经济一体化的贡献。托管银行凭借强大的国际网络，提供全过程、全流程托管服务，适应多元化投资趋势，为境内外资本流动牵线搭桥，积极推进跨境创新和业务试点，推动金融开放进程，依托跨境网络平台，保障国家主权基金境外投资安全，有效提供跨境资产托管服务，提高金融改革效率，协助开展监管监督，维护资本市场及外汇市场稳定，成为全球经济一体化的积极推动者，境内外市场交易服务提供者，跨境投资者的重要合作伙伴和监管部门不可或缺的助手。

五是着力展现资产托管业务对商业银行转型发展的贡献。在经济全球化、利率市场化、金融脱媒化、金融网络化的趋势下，中国银行业面临严峻挑战，传统靠规模、高投入、高速扩张的经营方式难以为继，加之新巴塞尔协议对资本的约束，利率市场化对成本的制约，互联网金融等新兴业态对传统经营理念的冲击，商业银行亟须尽快从外延式发展方式过渡到内涵式的发展。托管业务领域宽广，产品多元的特点，在推动商业银行转型发展中大放异彩，成为商业银行转型发展的重要抓手。

中国的资产托管行业正在蓬勃发展。今天，我们站在新的历史起点，迈向新的征程。在这个关键的时刻，托管行业全体同仁将奋发向上、勤勉尽责、开拓进取、稳健高效，为建设保障国家经济金融安全的现代托管行业而奋斗！

《中国资产托管行业发展报告（2013）》课题组

DEVELOPMENT REPORT
of CHINA ASSET CUSTODY INDUSTRY(2013)

2013 中国资产托管行业发展报告

目　录

第一章　资产托管在社会经济发展中的重要作用 / 001

第一节　资产托管在保障国家经济安全中的重要作用 / 001

一、构筑经济发展基石 / 002

二、推动各类市场繁荣 / 003

三、保障社会资金安全 / 007

四、促进全球资本流动 / 010

五、防范金融市场风险 / 012

第二节　资产托管在商业银行转型发展中的重要作用 / 014

一、有力应对商业银行外部环境新变化 / 014

二、快速提升商业银行综合化经营能力 / 016

三、有效提高商业银行精细化管理水平 / 018

四、牢固锁定商业银行中高端优质客户 / 019

五、积极规范商业银行新产品创新发展 / 019

第二章　资产托管业务市场发展情况 / 021

第一节　托管资产规模发展状况 / 021

一、资产托管市场规模总量 / 021

二、资产托管市场地位 / 022

三、各类托管资产规模增长 / 022

四、托管资产规模变化特征 / 023
五、资产托管收益整体情况 / 026
第二节　资产托管市场结构分析 / 027
一、资产托管市场集中度 / 027
二、资产托管费收入市场分布及特征 / 028
三、各类产品托管资产市场特征 / 029

第三章　资产托管业务全球化发展 / 033

第一节　国内商业银行全球化发展历程 / 033
一、全球托管业务的起步（2002—2006年） / 033
二、全球托管业务的快速发展（2007—2008年） / 034
三、全球托管业务的平稳发展（2009年至今） / 035
四、全球托管业务主要政策介绍 / 036
第二节　国内托管银行全球化发展现状与特征 / 041
一、托管规模逐年上升 / 041
二、市场影响日益提高 / 042
三、产品种类不断扩展 / 043
四、业务范围不断延伸 / 044
五、服务能力稳步提升 / 046
六、网络布局日臻完善 / 047
第三节　全球托管银行的经验与启示 / 049
一、国际商业银行全球托管业务发展历程与特点 / 049
二、国内商业银行全球托管业务展望 / 053

第四章　资产托管政策发展 / 057

第一节　基金证券类法规 / 057
一、《公开募集证券投资基金参与国债期货交易指引》 / 057
二、《基金从业人员证券投资管理指引（试行）》 / 059

三、《非银行金融机构开展证券投资基金托管业务暂行规定》/ 063
四、《公开募集证券投资基金风险准备金监督管理暂行办法》/ 064
五、《黄金交易型开放式证券投资基金暂行规定》/ 066
六、《资产管理机构开展公募证券投资基金管理业务暂行规定》/ 068
七、《关于修改〈证券公司集合资产管理业务实施细则〉的决定》/ 070
第二节 保险类法规 / 074
一、《养老保障管理业务管理暂行办法》/ 074
二、《中国保监会关于保险资金投资创业板上市公司股票等有关问题的通知》/ 075
第三节 中国证券登记结算有限责任公司法规 / 077
一、《中国证券登记结算有限责任公司证券账户管理规则》/ 077
二、《关于商业银行理财产品开立证券账户有关事项的通知》/ 078
三、《中国证券登记结算有限责任公司国债期货交割登记结算业务实施办法》/ 079
第四节 其他有关法规 / 081
一、《关于扩大企业年金基金投资范围的通知》/ 081
二、《关于企业年金养老产品有关问题的通知》/ 084
三、《关于企业年金职业年金个人所得税有关问题的通知》/ 087
四、《关于扩大投资范围后新增投资产品估值核算的指导意见（试行）》/ 090
五、《关于规范商业银行理财业务投资运作有关问题的通知》/ 091
六、《人民币合格境外机构投资者境内证券投资试点办法》/ 094
七、《合格境内机构投资者境外证券投资外汇管理规定》/ 095

第五章 托管产品与系统创新 / 097

第一节 托管产品和服务创新 / 097
一、证券基金托管产品与服务 / 097

二、非证券基金托管产品与服务 / 101
三、外包服务 / 109
第二节　托管系统与业务流程创新 / 110
一、托管系统创新 / 110
二、托管系统安全管理创新 / 113
三、托管业务流程持续优化 / 113
四、托管业务风险管理体系持续完善 / 114

第六章　托管银行业务特点 / 115

第一节　中国工商银行 / 115
一、经营管理实现新跨越 / 115
二、市场营销赢得新突破 / 115
三、服务创新取得新进展 / 116
第二节　中国农业银行 / 116
一、以业务营销为重点，积极拓展托管业务市场 / 117
二、适应市场变化，不断创新托管产品 / 117
三、坚持以客户为中心，提升托管服务水平 / 117
第三节　中国银行 / 118
一、财务指标良好，经营业绩持续提升 / 118
二、抢抓政策机遇，突出国际化特色 / 119
三、提升客户体验，强化主动风险管理 / 119
第四节　中国建设银行 / 120
一、市场能力持续提升，全球托管能力不断加强 / 120
二、以创新促发展，挖掘竞争优势 / 121
三、加强托管业务基础管理，确保安全运营 / 121
第五节　交通银行 / 122
一、坚定战略、融入全行，为全行主体业务提供支撑和服务 / 122
二、开拓领域、创新产品，全面增强业务发展活力和后劲 / 122

三、打造品牌、做出特色，持续巩固最大养老金管理银行地位 / 123
第六节 中信银行 / 123
一、公募基金业务逆势上扬，商业银行理财大幅增长 / 124
二、保险业务实现成倍增长，通道业务迎来增长高峰，股权投资基金（PE）业务稳步攀升 / 124
三、安全运营保障有力，内控再获国际认证 / 124
第七节 中国光大银行 / 125
一、托管规模快速增长，托管产品亮点纷呈 / 125
二、加强创新，寻找新的业务突破点 / 126
三、强化风险管理，保证安全运营 / 126
第八节 华夏银行 / 127
一、倡导产品创新 / 127
二、进一步加强对分行的管理和指导 / 127
三、加快托管业务平台建设 / 128
第九节 广发银行 / 128
一、快速介入互联网金融托管，建立特色产品竞争优势 / 128
二、基金、保险和跨境三大业务实现跨越发展 / 129
三、注重品牌建设，树立资产托管专业服务形象 / 129
第十节 平安银行 / 129
一、产品结构不断优化 / 130
二、创新能力不断增强 / 130
三、事业部制改革稳步推进 / 131
第十一节 招商银行 / 131
一、巩固公募基金优势，创新家族信托托管 / 131
二、完善托管系统和流程，加强托管内控管理 / 132
三、切实履行主任单位及企业社会职责，扩大托管品牌影响力 / 132
第十二节 上海浦东发展银行 / 133
一、立足领域创新，大力推广和拓展客户资金托管业务 / 133

二、抓住资产管理行业发展机遇，做大基础托管业务 / 134
三、持续提升托管服务能力 / 134
第十三节　兴业银行 / 134
一、以创新作为原动力，主动服务、主动沟通、主动协调 / 135
二、由内而外、苦练内功、防范风险 / 135
三、系统升级实现平稳过渡，助力业务发展 / 136
第十四节　中国民生银行 / 136
一、搭建平台，整合资源，推进业务的深度合作 / 136
二、开拓创新，引领市场，培育业务新的增长点 / 137
三、细分市场，突出特色，打造民生托管品牌 / 137
第十五节　渤海银行 / 138
一、研判形势，抢抓机遇 / 138
二、加强合规管理，加快系统建设，全年实现“零差错” / 138
三、研究市场，结合实际，集中资源开展优势业务 / 139
第十六节　中国邮政储蓄银行 / 139
一、经营业绩迈上新台阶 / 140
二、风险管理体系进一步完善 / 140
三、托管系统自主研发取得新进展 / 140
第十七节　北京银行 / 141
一、整合行内资源，创新服务内容，加大与资产管理人合作深度 / 141
二、精准营销，产品类型进一步丰富 / 141
三、牢守合规经营和稳健运营底线 / 142
四、持续加强托管业务系统建设 / 142
第十八节　上海银行 / 142
一、顺应资产管理市场发展，动态调整托管业务结构 / 143
二、响应行业创新需求，有效提升托管服务能力 / 143
三、启动托管分部建设，优化区域管理体制 / 144
第十九节　宁波银行 / 144
一、完善产品体系，实现快速成长 / 144

二、确立发展思路，提供优质服务 / 145
三、强化风险管理，提高内控水平 / 145

第七章　趋势与展望 / 147

第一节　“大资管”时代与资产托管市场竞争 / 147
一、监管政策变化迎来“大资管”时代 / 147
二、“大资管”时代资产托管市场机遇及挑战 / 149
三、资产托管顺应“大资管”时代的发展不断前进 / 161
第二节　互联网金融对托管业务的机遇和挑战 / 163
一、互联网金融为资产托管业务带来新的市场空间 / 163
二、互联网金融背景下资产托管业务的机遇 / 165
三、托管业务面临的挑战 / 167
第三节　上海自贸区建设与资产托管业务发展 / 168
一、上海自贸区建设推进改革不断深化 / 168
二、上海自贸区建设形成新的市场领域 / 169
三、上海自贸区建设为资产托管行业带来新机遇 / 170

第一章　资产托管在社会经济发展中的重要作用

商业银行资产托管业务（以下简称资产托管业务）[①]，是指托管银行[②]基于法律规定和合同约定，履行资产保管职责，办理资金清算及其他约定的服务，并收取相关费用的行为。资产托管业务是所有权与处置权分离下的制度性安排，是资本市场稳定发展的必然产物，更是商业银行向“低资本消耗，可持续增长”转型的重要通道。目前，资产托管业务凭借适应直接融资资本市场和财富管理市场需要的内在发展动力，已从传统证券投资基金市场快速渗透覆盖到非证券类资产管理领域，并逐渐向社会保障、财政、实体经济、跨境投资等非金融领域延伸。凭借对负债和中间业务收入的强大拉动作用，资产托管业务已经成为商业银行转型发展的重要抓手。

第一节　资产托管在保障国家经济安全中的重要作用

资产托管机制的引入，能有效消除市场信息不对称，实现社会资金规范化运作，提升社会信用水平，防范道德风险，提高交易及投资管理效率，保障各类投资者财富安全，促进资本市场繁荣及跨境资本流动，防控金融市场风险，推动国民经济健康发展。

① 在本书的分析讨论中，仅限于中国银行业协会托管业务专业委员会成员单位，不包括其他在我国开展资产托管业务的商业银行、证券公司和外资商业银行等机构。

② 目前，我国尚未出现以资产托管业务为主营业务的专业托管银行。本书中的托管银行是指开展资产托管业务的商业银行，与境外专业性的托管银行并非同一概念。

一、构筑经济发展基石

自1998年伴随封闭式证券投资基金问世以来，资产托管行业在15年的发展历程中，默默地为整个社会经济运行发挥着极为重要的基础作用。托管银行作为独立第三方，对受托资产投资管理人形成外部制约的机制，能有效防范投资管理人的道德风险，提高各类管理资产的公信力和受托资产的安全性，在解决交易各方的信息不对称、降低交易成本、撮合交易方面发挥着积极作用，是投资资产的保管者、资产估值的评估者、资金划拨的清算者、合规投资的监督者，是社会经济健康发展的保卫者、监督者和协调者。在社会经济发展过程中，资产托管业务显著提升了经济信用，大幅降低了各类金融风险，有力提高了经济运行效率。截至2013年末，全国资产托管规模为34.98万亿元，已经成为中国经济体系中一个重要的组成部分。

如今，资产托管制度已经广泛引入金融、社保、财政、公益、跨境投资和实体经济领域，并在互联网金融崛起中大放异彩，成为当代中国经济体系中一个不可或缺的基本元素。首先，资产托管业务已基本覆盖我国资产管理行业各个领域，成为我国金融体系有机组成部分。截至2013年末，商业银行托管证券投资基金、银行理财、券商资产管理、保险资金、基金资产管理等各类金融资产约20余万亿元，有力地保障了我国金融市场稳定发展。其次，资产托管业务迅速从虚拟经济向实体经济等非金融领域延伸，为金融资本顺利进入实体经济撮合交易、牵线搭桥。截至2013年末，商业银行托管各类投资实体经济的信托产品、产业投资基金和保险债权计划近7万亿元，积极支撑了实体经济发展。再次，作为受托资产的“天然守门人”，从2000年开始，资产托管业务被引入全国社会保障基金、企业年金等市场化程度较高的社会保障基金管理。在此过程中，资产托管业务运作稳定，效果良好，受到监管部门、企业和广大职工的高度认可，并广泛进入其他各类社会保障基金领域。截至

2013年末，商业银行各类养老金托管规模超过1.53万亿元，占全国养老金[①]总规模的36.23%，成为养老金安全投资的基石。最后，随着我国经济快速发展，对外开放程度不断加深，我国跨境证券交易、跨境股权投资规模呈现高速增长态势。我国商业银行积极为跨境投资者提供托管服务，成为跨境投资者的重要合作伙伴，并协助监管机构承担部分金融监管职责。截至2013年，我国共有13家商业银行具备开展QFII/RQFII、QDII业务资格，合计托管规模达到3 243.55亿元，为推进我国资本项目开放，加速人民币国际化进程作出重大贡献。

二、推动各类市场繁荣

在虚拟经济快速发展过程中，资产托管业务作为所有权与处置权分立下的制度性安排，成为消除融资各方信息不对称风险的有效途径，应市而生，发展壮大。与此同时，随着企业融资方式逐步多元化，资产托管业务为金融资本顺利进入实体经济牵线搭桥、撮合交易，市场领域不断放大。互联网金融的异军突起，又为资产托管业务开辟了一个新天地。

（一）降低风险，推动虚拟经济快速发展

我国资产托管业务是伴随虚拟经济发展而诞生的。1997年11月5日国务院批准发布了《证券投资基金管理暂行办法》，明确了基金资产管理运用与资产保管职能分离、主体分离的制度安排，首次确立了证券投资基金资产托管机制，开启了我国资产托管业务。资产托管建立由独立第三方对投资管理人形成外部制约的机制，能有效地防范资产管理人的道德风险，提高公信力和受托资产的安全性。在这种托管制度的约束下，各种受托产品得到了健康、快速的发展，受到监管部门、金融机构和个人投资者的广泛认可和高度评

---

① 含城镇职工基本养老保险、城乡居民基本养老保险、企业年金和全国社会保障基金。其中全国社会保障基金使用2012年数据，本书下同。

价。如今，信托、银行理财产品、社保基金、企业年金产品、私募基金、保险类产品等，都在各自监管机构及相应的法律体系下，引入托管人机制进行规范。资产托管业务广泛进入各类资产管理领域，成为虚拟经济一个重要组成部分。投向虚拟经济的各类产品托管模式主要以证券投资基金托管为模板，即由托管人与管理人签订托管协议，或由托管人、管理人与委托人签订三方资产管理协议，由托管人对受托基金资产进行安全保管，执行基金管理人的投资指令，办理基金的资产估值、资金清算和交易结算，对基金管理人的投资运作进行监督，并提供信息披露等服务。

在十余年的发展过程中，资产托管业务为我国虚拟经济的健康有序发展作出了积极贡献：一是受托资产的所有权、使用权与保管权分离，管理人与托管人之间形成一种相互制约的关系，从而防止委托资产挪作他用，有效保障资金安全；二是托管人依据托管协议对管理人的投资运作包括投资范围、投资比例、投资限制等进行监督，可以促使管理人严格按照有关法律法规和相关合同的要求运作委托资产，确保合同的执行力；三是托管人对委托资产进行会计复核，有利于防范、减少委托资产净值计算、会计核算中的差错，保证委托资产份额净值和会计核算的真实性和准确性，提高产品诚信度。

目前，国内投向虚拟经济的托管产品主要包括证券投资基金、银行理财、保险资产、证券公司客户资产管理计划、基金管理公司特定客户资产管理计划等，规模发展迅速，为调节社会资本流动、优化社会资源配置作出了积极贡献。截至2013年末，全国证券投资基金托管规模为2.94万亿元，银行理财托管规模为8.13万亿元，保险资金托管规模为4.76万亿元，证券公司客户资产管理托管规模为4.60万亿元。

（二）撮合交易，推动实体经济顺畅发展

党的十八大报告指出“深化金融体制改革，健全促进宏观经济

稳定、支持实体经济发展的现代金融体系，加快发展多层次资本市场，稳步推进利率和汇率市场化改革”。在此背景下，商业银行支持实体经济转型发展的金融使命尤显迫切，而资产托管业务恰可通过信托保管、产业基金托管、保险债权计划托管等业务，为金融资本顺利进入实体经济牵线搭桥、撮合交易，推动商业银行发展模式转型。

资产托管业务服务于虚拟经济，归根结底还是服务于实体经济。实体经济的发展需要资金支持，为了满足企业的融资需求，金融行业不断进行创新，从而形成了企业融资方式逐步多元化的局面。而在这些创新的融资方式中，资金提供方将资金用于购买专业管理机构发起设立的各类产品，再由专业管理机构将资金投向目标企业或项目，已成为一种通用模式。在这种模式中，由于存在资金提供方与资金管理方的分离，就产生了由第三方机构提供托管服务的需求。

资产托管服务在实体经济发展中发挥了重要作用：一是为实体经济的发展提供了强大的资金支持。虽然托管人不是资金的实际提供方，但正是由于托管机制的存在提升了投资者的信心，资金才得以源源不断地通过各种方式注入实体经济，解决企业的融资需求，促进社会生产的发展。二是托管人认真履行托管职责，杜绝了资产被挪用、占用的情况，为投资者进行多元化投资创造了条件，保护了投资者的正当权益。

目前，市场上直接投向于实体经济的托管产品主要包括信托计划、保险资金基础设施债权投资计划、私募股权基金、产业基金、企业资产证券化、证券公司客户资产管理计划、基金管理公司特定客户资产管理计划等，为实体经济的发展提供了有力的支撑。根据中国信托业协会的统计数据，截至2013年末，在逾10万亿元的信托业总资产中，主要投向了实体经济，其中投向基础产业为2.6万亿元，占25.25%；投向房地产为1.03万亿元，占10.03%；投向工商企业为2.9万亿元，占28.14%。近几年来，保险债权计划投资也实现了突飞猛进的发展，截至2013年末，12家保险资产管理机构累计发起设立184项基础设施和不动产债权投资计划，注册（备案）规模达5 818.6亿元，其中，2013年新增注册债权投资计划90项，注册规模达2 877.6亿元，注册数量和规模相当于过去7年的总和。

（三）资金监督，推动互联网金融稳定发展

互联网金融是互联网与金融的结合，以互联网为资源，以大数据、移动支付、云计算、社交网络和搜索引擎为基础，实现资金融通、支付和信息中介功能的新兴金融模式。当前，以互联网支付、余额宝、P2P网络借贷和众筹融资为代表的互联网金融蓬勃发展，向传统金融行业提出了挑战，也为资产托管业务带来无限商机。

凭借信息处理和组织模式方面的优势，互联网金融在多数金融功能的发挥上较传统金融更加有效率，交易成本更低，规模发展迅速。但互联网金融业务通常由技术公司发起并运作，缺乏传统商业银行所具有的风险防范经验和文化底蕴，普遍存在机构法律定位不明，资金第三方存管制度缺失，资金被挪用风险等问题，亟须与具备风险控制经验，独立监控资金流向的第三方存管机构合作，构建一个相互独立、相互制衡的管理体系，从而实现健康稳定发展。以此为切入点，商业银行已通过资产托管业务逐步进入互联网金融市场，主要发挥以下几方面作用：一是健全互联网金融结构。通过引入资产托管机制，形成客户、互联网金融机构、商业银行等相互分离、相互制衡和相互监督的治理结构，有利于互联网金融长期、健康、有序发展。二是确保互联网金融交易资金的安全性。商业银行为互联网金融客户提供账户设立、资金归集、账务核对、资金清算等资产托管服务，最大限度地保护托管资金受益人的利益。三是将有利于互联网金融机构建立全面的风险控制体系。作为经营风险的专业金融机构，商业银行以谨慎经营理念，在金融风险管理和风险控制领域积累了丰富经验。商业银行以资产托管业务作为渠道介入互联网金融，有利于互联网金融企业充分借鉴商业银行成熟的风险控制经验，完善自身的风险控制体系。四是有利于做大互联网金融市场规模。互联网金融引入托管机制，有利于提升互联网金融机构的影响力，提高消费者对互联网金融机构的信心，将扩大我国互联网金融市场规模。

三、保障社会资金安全

党的十八大报告指出“扩大社会保障基金筹资渠道，建立社会保险基金投资运营制度，确保基金安全和保值增值”。未来一段时期，各类社会保障基金的市场化管理步伐将逐步加速。在此过程中，资产托管业务凭借制度优势，在保护社会保障基金安全投资、促进财政资金运行管理科学规范，提高公益基金财务管理透明公开方面发挥重要作用。

（一）优化社会保障基金的投资运作机制

随着我国社会保障制度的不断完善，社会保障基金规模持续增长。截至2013年末，全国城镇职工基本养老保险、城乡居民基本养老保险、企业年金、城镇基本医疗保险、工伤保险、失业保险和生育保险累计结余4.77万亿元。其中养老保险基金（含城镇职工基本养老保险、城乡居民基本养老保险、企业年金）规模达到3.13万亿元。此外，截至2012年末，全国社会保障基金理事会（以下简称：社保基金会）管理的全国社会保障基金资产总额已超过1.1 万亿元。如此规模巨大社会保障基金涉及全国亿万人民群众切身利益，资金安全成为重中之重，需要由商业银行作为独立第三方对进行投资运作的社会保障基金进行资产保管、资金清算、会计核算和投资行为监督。全国社会保障基金、企业年金发展经验表明，商业银行资产托管业务在社会保障基金投资运作过程中发挥了日益重要的作用：一是完善社会保障基金治理结构，实现资金所有权、使用权、监督权相互分立、相互制衡的管理机制；二是独立行使资产保管职责，将社会保障基金与商业银行自有资产、商业银行托管的其他资产、投资管理人管理的其他资产相互隔离，保证社会保障基金的独立和安全；三是监督投资管理人的投资行为，确保投资行为的合规性，有效地降低了投资运作的违规风险；四是进行会计核算和信息披露，确保信息公开透明，使监管部门、委托人和受托人及时、准确地掌握社会保障基金管理运作情况；五是提供的风险评价和投资绩效评估报告，便于受托人和委托人更加全面地了解社会保障基金投资的风险和绩效水平，推动形成对投资管理人的评价机制，有利于社会保障基金的长期保值增值。

目前，商业银行积极参与养老金的托管服务。2000年以来，交通银行、中国银行、中国工商银行、中国农业银行先后成为全国社会保障基金的托管银行，有10家商业银行为企业年金客户提供托管服务。全国社会保障基金和企业年金基金引入托管机制以来，运作稳定，效果良好，受到行业监管部门、企业和广大职工的高度认可。此外，部分商业银行通过创新托管服务，积极为地方社保部门管理的各类养老基金提供资产保管、资金清算、会计核算等托管服务。截至2013年末，全国养老金托管规模达到1.53万亿元，其中交通银行养老金托管规模超过6 000亿元，占据全国养老金托管市场规模的40%以上，成为国内最大的养老金托管银行。养老金管理制度改革发展经验表明，资产托管制度是社会保障基金安全和规范运作的重要基础，是维护委托人和受益人利益的有效机制，更是确保养老金管理健康发展的根本手段。

（二）健全财政资金的监督管理机制

随着我国经济发展水平的不断提高，财政收支规模越来越大，2013年全国公共财政收入近13万亿元，占当年全国GDP的22.70%。构筑立体化的财政资金监管体系，做到资金安全隐患的早防范、早发现、早遏制，确保财政资金运行和管理更加科学规范，是关系经济社会发展全局和人民群众切身利益的大事，更是促进经济健康持续发展的重要保证。

近年来，政府部门对财政资金的安全和使用效率提出了更高的要求，需要商业银行利用其完善的风险隔离制度、规范的业务操作流程和先进的托管业务信息系统，以实现财政资金全覆盖、流程全控制、账户全监管，从而达到预防、控制、安全和高效的目的。

目前，商业银行积极与各地财政部门合作，开发了财政专项资金托管业务，为科技研发、产业发展、产业技术进步、人才创新创业等多项财政专项资金提供托管服务，协助政府有关部门强化对项目单位使用财政资金情况进行监督，确保资金专款专用。同时，商业银行与地方市国土资源管理部门合作开展公共资源交易资金托管业务，为竞拍企业开立托管账户，单独保管每个竞拍企业缴纳的拍卖保证金，独立核算资金本息，并在竞拍结束后实现资金原路径退回。通过资产托管机制，有效解决了公共资源交易资金管理中存在资金混合管理、无法单独核算本息等问题，促进了土地使用权、矿业权等公共资源交易的顺利进行，提高了交易效率。

（三）完善公益基金的组织管理机制

2004年发布的《基金会管理条例》，为我国基金会制度构建了基本框架，促进了社会力量参与公益事业，推动了社会救助、教育、医疗卫生、体育等社会公益事业的发展。目前，全国范围内公益基金会总数大约3 600家。在公益基金会数量不断增加、规模迅速发展、影响日益扩大的同时，社会公众对公益基金财务管理的规范性、透明性和公开性提出更高的要求。引入外部的监督和制衡，消除道德风险和制度陷阱，提升公众信任，成为当前公益基金发展的一个重要课题。公益基金需要金融机构为其提供独立善款专户，实现各类善款的专户管理、专款专用，定期披露各类财务信息，最大限度地实现捐助资金规范化、透明化管理。

目前，商业银行将资产托管机制引入公益基金的管理，针对公益基金的个性化需求，提供专项资产托管服务。商业银行除为公益基金提供资产保管、资金清算、会计核算等基本托管服务外，专门开发了捐赠信息系统，通过统一客户服务中心，向捐赠人即时发送捐赠款确认短信，按协议约定定期披露资金资产及运用的托管报告，全面介入了基金募集、资产保管、资产估值、资金清算、运作监督、信息披露等运作与管理全程。

在为公益基金提供资产托管服务过程中，商业银行发挥的重要作用如下：一是通过托管制度设计将公益基金财产所有权、使用权和保管权分离，使公益基金管理人和托管人之间形成相互制约的关系，推动了我国公益基金走上阳光发展之路；二是商业银行作为独立第三方提供市场化资产托管服务，来保障和监督基金会善款的安全和使用；三是为公益基金提供会计核算、资产估值和定期报告，确保公益性基金的财务信息公开、透明和及时，有效实现行政监管和社会监督结合，促进基金款项用于公益用途；四是引入托管制度有利于维护和提高基金会的公众形象，增强社会吸引力，将扩大我国公益基金托管规模，促进我国公益基金健康发展。

四、促进全球资本流动

在经济全球化背景下，资金跨境流动的规模和频率日益提高，提高了全社会资源配置效率，成为经济发展的助推器。我国商业银行在为跨境证券投资和股权投资提供传统资产托管服务的同时，在资格申请、项目推介、境内外资金调拨及协助金融监管等方面发挥巨大作用，是跨境投资者的重要合作伙伴，为推进我国资本项目开放，加速人民币国际化进程作出重大贡献。

（一）全过程监控，为跨境证券投资保驾护航

为进一步加快资本市场对外开放，持续推动资本项目可兑换进程，加速人民币国际化步伐，我国先后在2002年、2006年和2011年启动QFII、QDII和RQFII制度，跨境证券交易规模呈现高速增长态势。QFII/RQFII、QDII制度的启动是我国金融改革开放的重要步伐，

对于进一步优化国内资本市场投资者结构，提高整个市场运作的效率和质量，推进资本项目可兑换进程，促进国内资本市场与国际资本市场接轨具有积极的推动作用，对我国经济金融发展产生深远影响。

境外机构投资人为及时了解国内监管政策、市场形势和公司行为的动态和变化，需要合作机构具备顺畅的数据和报表传输渠道，以提供及时、准确的各类信息。因此，境外机构投资人在投资我国证券市场过程中，除需要托管银行提供资产保管、资金清算、会计核算和投资监督等传统资产托管服务外，需要托管银行拥有SWIFT电文系统，提供公司行动服务，及时反馈监管政策变化和市场动态。更为重要的是，境外机构投资人需要托管银行协助其与监管部门保持顺畅的沟通，并协助其办理资格申请、投资额度申请、开立人民币特殊账户、开立证券账户、代理投票、客户指令的传递等各项工作。此外，境外机构投资人还需要托管银行应能为其快捷、便利的结汇、售汇和跨境人民币结算服务。在此过程中，托管银行还协助监管部门对合格投资者进行监督，在维护我国资本市场和外汇市场稳定，保护境外投资者利益等方面发挥重要作用。总体而言，托管银行在为跨境证券投资提供资产托管服务过程中，为推动我国资本市场开放，协助中资金融机构走向国际市场，加速人民币国际化步伐发挥重要的基础性作用。

经过10余年发展，我国跨境证券投资市场初具规模，截至2013年末，我国共批准了来自27个不同国家或地区的QFII机构246家，投资额度约为800亿美元。批准了来自香港地区的52家RQFII机构，包括资产管理机构、保险公司、证券公司、商业银行、期货公司等，投资额度约1 575亿元。同时，将RQFII试点范围从香港扩大至伦敦、新加坡，并于12月批准首家伦敦RQFII机构。QDII获批额度861.32亿美元，其中商业银行获批129.9亿美元、基金公司和证券公司获批396亿美元、保险公司获批279.92亿美元、信托公司获批56亿美元。截至

2013年末，我国共有13家商业银行具备开展QFII/RQFII、QDII业务托管资格，合计托管规模达到3 243.55亿元，成为中国资本市场的重要组成部分。

（二）全流程服务，为跨境股权投资牵线搭桥

自改革开放以来，我国逐步开放国内市场，吸引外国资本和技术，以促进国内经济快速发展，外商投资已经成为我国经济稳定快速增长不可或缺的重要力量之一。经过几十年在华的投资实践，外国投资者在我国的投资方式出现了多元化的趋势。2012年，为推动我国资本项下外汇管理制度的创新突破，优化外商直接股权投资中结售汇相关流程，在中国人民银行、国家发展和改革委员会、国家外汇管理局等国家相关部门的鼓励和支持下，京津沪渝深等五地相继推进外商股权投资基金（QFLP）、人民币合格境外有限合伙人（RQFLP）和合格境内有限合伙人（QDLP）试点业务。

目前，跨境股权投资业务仍处于起步阶段，中国工商银行、上海浦东发展银行和上海银行先后为多家外商股权投资基金（QFLP）提供托管服务。交通银行、北京银行为合格境内有限合伙人（QDLP）提供托管服务。托管银行在为跨境股权投资基金提供基本资产托管服务外，还针对跨境股权投资特点，为跨境股权投资基金设立各类托管专用账户，提供政策咨询、资格申报、项目对接、投贷联动、财务顾问服务等增值服务，并利用自身销售渠道及境内同业资源为QDLP客户提供资金募集等增值服务。同时，托管银行应监管部门要求，及时报告跨境人民币资金的进出情况、项目投资情况，为跨境股权投资业务发展提供安全保障。

五、防范金融市场风险

在中国金融市场快速发展过程中，如何有效控制风险成为一个重要课题。资产托管业务凭借其独特的制度安排和业务流程，成为防范金融市场风险的重要抓手。

（一）有利于维护金融市场秩序

市场秩序以及相应的法律法规对于防范金融风险十分重要。健全的市场环境和法律体系有利于实现银行信用的契约化、规范化和严肃化。鉴于托管业务所涉及委托人的广泛性及资产的大额性，中国证监会、中国银监会等监管机构以专门法律的形式，如《基金法》、《企业年金基金管理试行办法》等规定托管人必须履行的责权，商业银行在开展托管业务中所承担的责权是法定与约定相结合的。此外，资产托管业务涉及银行、其他金融机构、监管机构以及执法机构，资产托管为这些关联方搭建了相互沟通的桥梁，有利于相互良性互动。良好信用以及法律制度为市场创造了一个公正严明的社会信用环境，以保证金融市场平稳有序地发展。

（二）有利于加强对金融资产的监管

资产托管业务的基础由监督和安全保管组成。监督指托管人对管理人运用托管资产进行监督，包括资产的变动以及在相关市场上交易的流程，也是法律法规、托管协议明确规定的托管人的基本职责之一。而安全保管含有两个层次意义：一是在法律意义上，是否会发生受托资产非经事先约定或法定的方式，或者委托人的原因被挪用、转移的情况。二是在具体运作中，受托资产不会因内部操作风险而被内部人员非法挪用、贪污。监督与安全保管服务的最主要的目的就是控制金融风险。投资管理与资产保管分开的制度设计，较之于委托人与管理人双方的委托代理关系的区别，在于引入了第三方的监管，从而间接引入了银行信用，更加有利于委托资产管理业务的健康发展。这样的流程设计，既可以保证客户的资产安全，又可以保障金融市场的秩序稳定；既能保证委托人资产的安全性，又能对管理人的经营实施必要的监督。

（三）有利于加强金融资产的信息披露

资产托管业务当中包括许多服务，定期报告就是其中重点一项。托管人报告是指商业银行从独立第三方的角度出发，根据自己的核算及监督结果，独立地对托管资产的投资情况、管理人对托管资产的运作情况等发表意见。托管银行定期报告的对象是委托人、其他平等当事人以及监管部门，报告内容是日常的会计报表和托管人报告两类。会计核算与定期报告相结合的制度能有效控制中国金融市场风险。

第二节 资产托管在商业银行转型发展中的重要作用

资产托管业务能够在不占用银行资本金的前提下，为商业银行带来持续稳定的中间业务收入、低成本沉淀存款、大规模客户管理及托管资产。近年来，伴随直接融资市场的改革变化和财富管理市场的飞速发展，资产托管业务呈现“领域无限、市场无限、产品无限”的特征，不仅跨越公司业务、个人理财、融资及财富管理业务，还延伸至证券市场、股权与产业投资、各类新兴资金交易、养老保障与公益慈善领域，是商业银行进军财富管理市场的重要抓手，成为商业银行发展空间最大、创新领域最广、规模增长最快的新兴业务之一，为商业银行转型发展提供源源不断的动力。

一、有力应对商业银行外部环境新变化

利率市场化疾风劲吹，互联网金融强势崛起，直接融资体系迅猛发展和金融脱媒的持续加剧，商业银行面对的市场环境发生巨大的变化，亟须在经营理念、经营思路和业务规划上进行调整。而资产托管业务则是商业银行应对新环境的利器。

（一）适应金融脱媒的潮流

随着经济金融化、金融市场化进程的加快，商业银行主要金融中介的重要地位在相对降低，储蓄资产在社会金融资产中所占比重持续下降及由此引发的社会融资方式由间接融资为主向直接、间接融资并重转换。在此过程中，商业银行的储蓄存款大量分流，贷款功能受到挤压，资金体内循环率下降，风险管理难度加大。

面对金融脱媒的挑战，商业银行可通过发展资产托管业务予以有效应对。如通过基金、信托、券商理财、私募等各类直接融资产品托管业务，实现分流的存款通过托管账户回流银行。通过保险债权计划等托管业务，可以引进外部中长期低成本贷款。通过客户交易资金等新型托管业务，有效提高资金体内循环率。此外，资产托管业务属于表外业务，不涉及商业银行资产负债，没有存贷款期限错配问题，从而大大降低商业银行的风险水平。

（二）应对利率市场化的冲击

利率市场化是中国金融改革的重要内容。2013年7月19日，经国务院批准，中国人民银行决定，自2013年7月20日起全面放开金融机构贷款利率管制。这标志着中国利率市场化改革进入一个实质性阶段。利率市场化对商业银行的直接影响是存贷款利差收窄和净利息收入的减少，使得利润增长变得更加困难。而资产托管业务属于商业银行的中间业务，不涉及经济资本计量，不会形成资本消耗；一次营销，长期收益，带来直接间接托管费、结算、汇划、利差、银行卡、网银、汇兑等收入，创造长期稳定的中间业务收益；各类托管结算账户能够带来可观的资金沉淀，有效做大低成本负债业务；与客户建立托管合作后即形成了长期的稳定的银企合作关系，通过整合资源，深挖客户潜力，增加银行利润来源。资产托管业务凭借其强大的综合收益成为商业银行应对利率市场化改革冲击的重要抓手。

（三）顺应融资渠道的变化

随着我国金融市场的快速发展，各类经济主体的融资渠道日益多样化，可通过不同的便捷方式获得资金，出现客户存款理财化、企业融资社会化、融资形式产品化、融资价格分散化的发展趋势，经济主体对传统银行服务的依赖度降低，大大挤压了商业银行的发展空间。而融资渠道多元化，恰恰为商业银行发展资产托管业务提供最好的养分和土壤。商业银行通过为各类融资产品提供资产托管服务，保障其资金安全、降低信息不对称、提高产品公信力，促进融资渠道多元化发展。与此同时，以资产托管业务为桥梁，商业银行可以为各经济主体提供银行理财、投行、投资顾问等综合金融服务，实现资金回流，进而促进商业银行全面发展。

（四）迎接市场竞争的洗礼

目前，随着准入门槛不断放宽，各类新机构、新业务、新服务不断涌现，商业银行与商业银行之间，商业银行与其他各类金融机构之间，在渠道、产品、服务、客户、价格等方面展开全方位、立体式竞争，市场竞争已经趋于白热化。商业银行可通过发展资产托管业务，打造特色品牌，凭借托管服务优势，撬动行外资源，进而锁定高端客户，成为商业银行迎接市场竞争的利器。

（五）走向国际市场的捷径

在经济全球化大背景下，人民币国际化进程不断推进，我国金融市场开放程度不断提升，商业银行进军国际市场的步伐不断加速。从海外商业银行的发展经验看，伴随着资本的全球流动（投资和贸易），托管产品是商业银行为资本全球自由流动服务的有效载体。通过10余年QFII/RQFII、QDII业务发展，我国商业银行已经积累大量全球托管业务经验，完善的国际托管业务系统，完备的国际托管业务流程，并逐步在境外设立资产托管业务机构，具备进军国际托管市场的能力和实力，成为我国商业银行进军国际市场的尖兵。

二、快速提升商业银行综合化经营能力

资产托管业务具有不占用经济资本、业务收入稳定、资金沉淀规模大、协同效应显著等优势，对于拉动银行主体业务，加速商业银行战略转型起着重要支撑作用。

（一）创造长期稳定的中间业务收益

资产托管业务具有“一次营销、稳定收费、长期受益”的独特优势，只要托管组合存续，每年可以收取稳定的托管费收入，直接

增加商业银行的中间业务收益。如证券投资基金理论上可以无期限存续，托管费年费率为托管基金净值的0.2%左右。只要托管一只证券投资基金，就能持续为商业银行贡献可观的托管费收入。截至2013年末，中国银行业协会托管专业委员会19家成员单位（数据不含宁波银行）托管费收入合计达314.58亿元，部分商业银行的托管费收入已占其全行中间业务收入的10%以上。

（二）带来稳定低成本负债

资产托管业务尤其是融资类托管业务、保险债权计划、私募股权基金托管业务等对于拓展存款业务尤其是低成本存款具有直接的拉动作用，是商业银行争揽存款的有力产品载体。一方面，资产托管账户沉淀的资金是商业银行存款特别是低成本存款的有效、稳定来源之一；另一方面，资产托管业务有助于增强商业银行与机构客户建立稳定的业务关系，稳定客户资金在商业银行的沉淀周期，直接拉动商业银行存款规模的增长，促进贷款资金的体内循环。例如，直接股权基金托管业务通过带动基金高端投资人存款、被投资企业项目存款等上下游企业存款，能为商业银行带来大量新增存款。

（三）提升资产收益率（ROA）

做大托管业务规模，创造托管业务收入，对商业银行资产收益率（Return on Assets，ROA）的贡献很明显，对银行业务转型有重要的促进作用。资产托管业务是完全依靠服务收费的新型中间业务，不占用商业银行的风险资产和银行自有资本金。托管资产规模是表外资产，不计入资产收益率的分母，而托管业务收入则计算在分子之中。随着资产托管业务的发展，托管收入持续增加，在不增加表内资产的同时，做大资产收益率分子，对提升商业银行资产收益率作用明显。

（四）实现联动发展

通过发展资产托管业务，可实现银行内部跨部门、跨条线综合发展，如发展资产托管业务可直接拉动银行理财、投资银行等一揽子金融服务；通过保险债权计划托管业务、信托保管业务可以扩大分行信贷资金规模；通过发展券商理财托管业务可以推动与券商经纪业务合作；通过发展年金业务可以推动个人卡业务；通过发展理财托管业务可以促进银银合作；通过发展国际托管业务可以带动国际结算业务。

三、有效提高商业银行精细化管理水平

托管人在资产的精细化管理方面发挥了不可替代的作用。在实践中，托管人的精细化管理功能得到了充分体现。以银行理财产品为例，在银行理财发展初期，组建资产池成为各家银行通用的模式。这种模式短期内促进了银行理财产品的快速发展，但也产生单个理财产品对应的标的资产不明、理财产品标注的投向与最终实际投向不完全相符、不同理财产品之间进行内部交易、资产池总账与各产品分账不完全匹配等问题。针对这种情况，中国银监会先是要求为理财产品建立托管明细账，后又明确要求理财产品要单独建账、独立核算，通过托管的手段来进一步理顺与规范，实现了银行理财产品的精细化管理，较好地解决了上述问题，为银行理财业务持续发展打好基础。具体来看，托管机制的精细化管理体现在资产独立、单独核算、专业运营等多个方面。

（一）托管银行确保托管资产独立

托管资产要与委托人、管理人和托管人的资产实现隔离。通过单独开立账户和以托管人名义持有并保管相关资产，可以实现资产保管的独立，避免出现资产权益归属不清晰的情况；通过采用专用交易单元、托管人直接参与清算交收，可以实现资产交易过程的独立，避免出现交收过程中的差错与混乱；通过设置单独的账套进行核算以及托管人与管理人的账务核对，可以实现托管资产财务管理的独立，避免出现混账、错账的情况。由此可见，托管资产的独立

性与完整性，为托管资产的精细化管理提供了制度保障。

（二）托管银行具备规范的业务流程

托管人具备完善的业务运作规范。经过多年的积累，国内各家托管银行均已经建立了非常成熟的业务运作流程，在托管资产管理的各个环节采取比较规范的操作方法和管理措施；同时，国内托管行业已经建立起了一支专业素质高、责任心强、经验丰富的人员队伍，为托管资产的精细化管理提供了人员保障。

（三）托管银行拥有高效的业务系统

在资产不断增大、交易频繁的情况下，高效的业务处理系统是保障资产安全和交易安全的基础。国内托管行业高度重视系统投入，搭建了现代化的系统平台，为托管资产的精细化管理提供了系统保障。

四、牢固锁定商业银行中高端优质客户

发展资产托管业务对于商业银行客户拓展具有直接的拉动作用。目前，资产托管业务客户覆盖基金、信托、证券、保险、商业银行等众多机构客户，服务上万家建立企业年金计划的企业客户，对接具有信贷及交易资金链属服务的各类企事业单位。这些客户均是银行优质客户和潜力客户。通过积极发展资产托管业务，实现与存贷款、理财、投行、渠道销售等主体业务联结，可全面满足法人客户及个人客户的投资理财、多渠道融资、资金交易和综合经营等多方位金融服务需求，实现多元业务渗透，成为巩固同业合作和银企合作的有效抓手，增强客户合作的黏性。

五、积极规范商业银行新产品创新发展

在“大资管”浪潮汹涌澎湃，互联网金融异军突起，财富管理市场快速发展的背景下，各商业银行加速实施战略转型，金融创新步伐不断加快。如何把握金融创新的尺度，及时应对可能发生的金融风险，是商业银行创新发展过程中的重要课题。而资产托管也凭

借独特的制度安排、产品架构和业务流程，为商业银行的金融创新提供了安全保障作用。

（一）降低金融风险，为产品创新保驾护航

证券投资基金、保险资金、银行理财等监管，明确要求引入托管机制，托管对于此类资产的安全保管、交易监督的作用已被广泛接受。但在一些新型的业务领域，如各种通道类资产管理产品、互联网金融、ESCROW、资产证券化等，其实也存在大量的真实客户需求，这些需求主要源自在越来越频繁或依托新型电子化工具交易中的信息不对称和风险控制需要，交易双方须交由征信良好的独立第三方来（银行）承担资金受托保管和划付等工作。在此过程中，托管服务能为金融创新提供强大的安全保证。

（二）监督资金使用，为产品创新控制风险

以融资性担保公司资本金托管为例，由于融资性担保公司资金运作有待规范，对于担保公司、银行双方运营和管理都存在一定风险。引入托管制度后，融资性担保公司资金由商业银行独立保管，资金用途由商业银行进行监督，资金进出由商业银行负责划付，可有效防范融资性担保公司内部操作风险，同时也有利于商业银行及时发现和掌握融资性担保公司经营状况变化，保障银行自身权益。

（三）降低信息不对称，为产品创新创造条件

我国互联网金融发展迅猛，极大地活跃了在线金融交易，但其潜在的风险也越来越高，时有资金挪用、卷款潜逃等风险事件爆发，给广大的投资者带来较大损失。因为投资者资金沉淀在第三方支付平台，这些数额庞大的资金游离于银行体系外，几乎不受任何的监管，投资者完全无法获知资金的运用情况。引入托管制度后，第三方支付平台仅为资金信息和结算的通道，托管行掌握资金流、负责资产保管的职责，加大资金运作的监管和信息披露，从而切实保障投资者利益，同时也从制度上制约了第三方挪用资金的风险。

第二章　资产托管业务市场发展情况

2013年，资产托管行业继续保持高速增长态势，截至2013年末，全行业资产托管规模接近35万亿元①。在政策调整、市场接受程度提高、产品创新力度持续增强等内外因素影响下，托管资产多元化发展成为行业发展的主旋律，托管业务在金融市场的地位不断提升。

第一节　托管资产规模发展状况

一、资产托管市场规模总量

2013年我国资产托管业务持续增长。据中国银行业协会统计，截至2013年末，国内18家商业银行托管资产规模为34.98万亿元，较上年增长56.23%。2013年全年新增资产托管12.59万亿元，季均增长额3.15万亿元，季均增速约为11.82%。

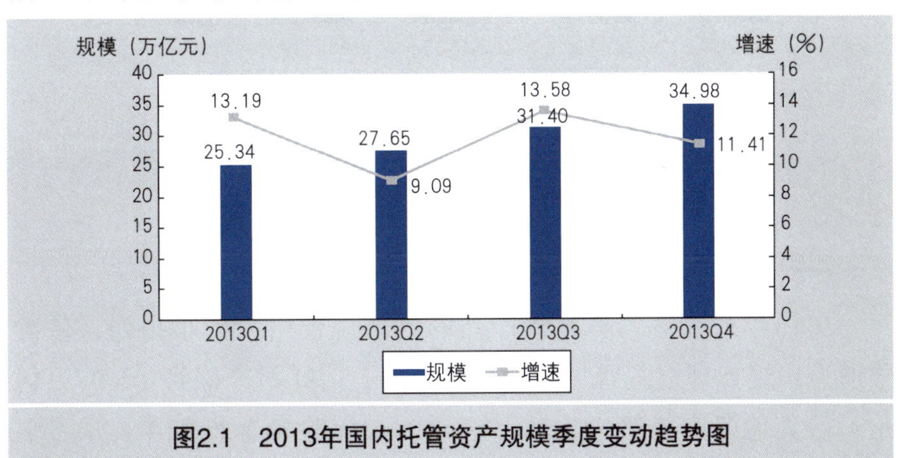

图2.1　2013年国内托管资产规模季度变动趋势图

① 本章分析讨论，是基于中国银行业协会托管业务专业委员会2013年1月1日前在册成员单位数据汇总而成。宁波银行于2013年11月加入中国银行业协会托管业务专业委员会，故在本章分析讨论中，未包含该行数据。

二、资产托管市场地位

存托比（即托管资产规模占金融机构存款总量的比例）是反映托管在金融市场地位的重要指标。2013年国内季度存托比呈现稳步上升势头，即从2012年末的23.75%上升至2013年末的32.67%，全年提升8.93个百分点，升势十分明显，这表明托管业务在金融市场的地位和贡献持续提升。

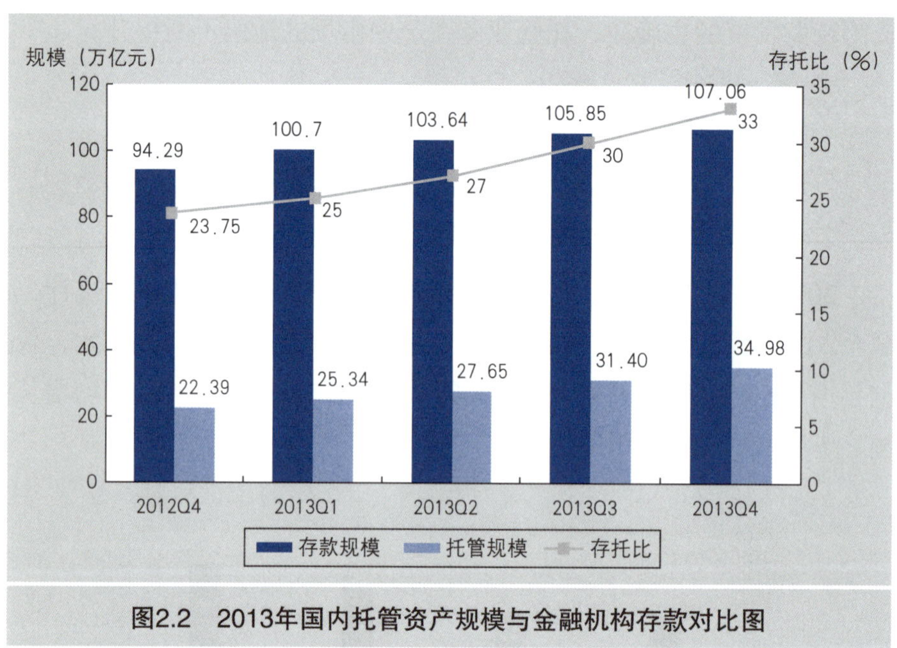

图2.2　2013年国内托管资产规模与金融机构存款对比图

三、各类托管资产规模增长

2013年末，按各类托管产品的资产规模由大到小排列，依次分别为：银行理财托管（8.13万亿元）、信托财产保管（6.07万亿元）、其他资产托管（5.58万亿元）、保险资金托管（4.76万亿元）、证券公司客户资产管理托管（4.60万亿元）、证券投资基金托管（2.94万亿元）、基金公司客户资产管理托管（1.10万亿元）、股权投资基金托管（0.87万亿元）、企业年金基金托管（0.62万亿元）、跨境资产（QDII与QFII）托管（0.33万亿元），除股权投资基金、企业年金基金和跨境资产托管三项产品之外，其他六大类托管产品的资产规模均超过万亿元大关。其中，银行理财、信托财产、保险资金和证券公司客户资产管理四项托管产品的规模超4万亿元，成为规模化的托管业务。

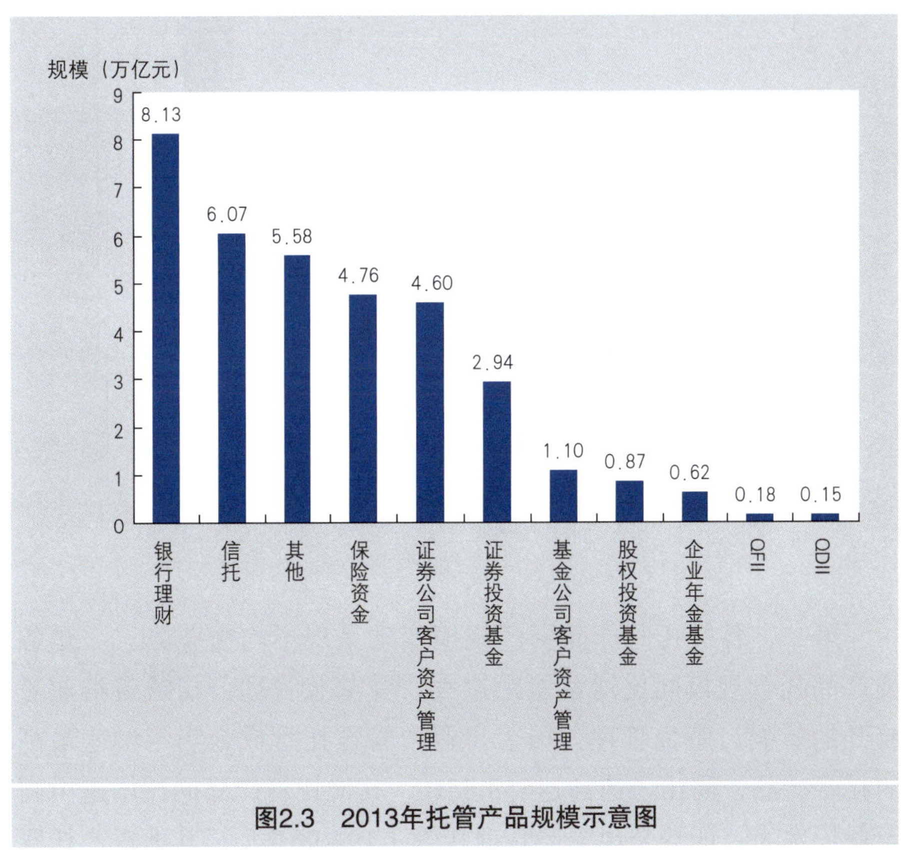

图2.3　2013年托管产品规模示意图

四、托管资产规模变化特征

2013年国内托管资产规模变化呈现两大特征：

第一，托管资产规模持续高速增长。2013年末，国内托管资产规模34.98万亿元，较2012年增加12.59万亿元，增速达56.23%。在经历了2010—2012年四年高速增速后，2013年国内托管资产规模增量又创下历年新高，表明国内资产托管市场仍处于快速发展阶段。

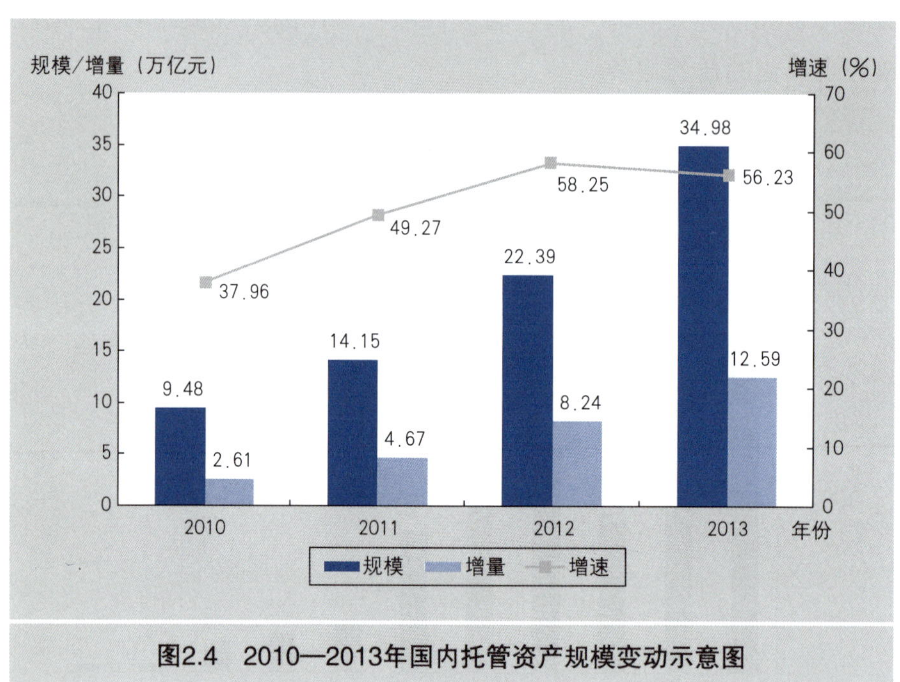

图2.4　2010—2013年国内托管资产规模变动示意图

第二，各类托管产品资产规模变动呈现不均衡态势。一是各类产品托管规模同比增速差距拉大。受基金管理公司通道类业务放开的影响，基金管理公司客户资产管理托管成为当年增速最高的托管产品，同比增速高达638.82%，其他托管产品同比增速由高至低依次为：证券公司资产管理托管（194.90%）、其他资产托管（68.72%）、信托财产保管（56.94%）、QFII（48.41%）、保险资金托管（45.42%）、股权投资基金（43.44%）、银行理财托管（33.17%）、企业年金基金托管（30.86%）、QDII（7.98%）和证券投资基金托管（4.78%）。托管规模增量排名前五位的产品有：证券公司客户资产管理托管（30 419.51亿元）、其他资产托管（22 740.65

亿元）、信托财产保管（22 006.57亿元）、银行理财托管（20 244.52亿元）、保险资金托管（14 878.29亿元）。二是各类托管产品资产规模的市场份额差距扩大。2013年托管规模市场占比增加的有四类产品，它们分别是：证券公司客户资产管理托管（+6.19%）、基金公司客户资产管理托管（+2.49%）、其他资产托管（+1.18%）、信托资金保管（+0.08%）。与此同时，2013年托管资产规模市场占比下降的有五类产品，它们分别为：证券投资基金托管（–4.12%）、银行理财托管（–4.02%）、保险资金托管（–1.01%）、企业年金基金托管（–0.34%）、股权投资基金托管（–0.22%）、QDII（–0.19%）、QFII（–0.02%）。

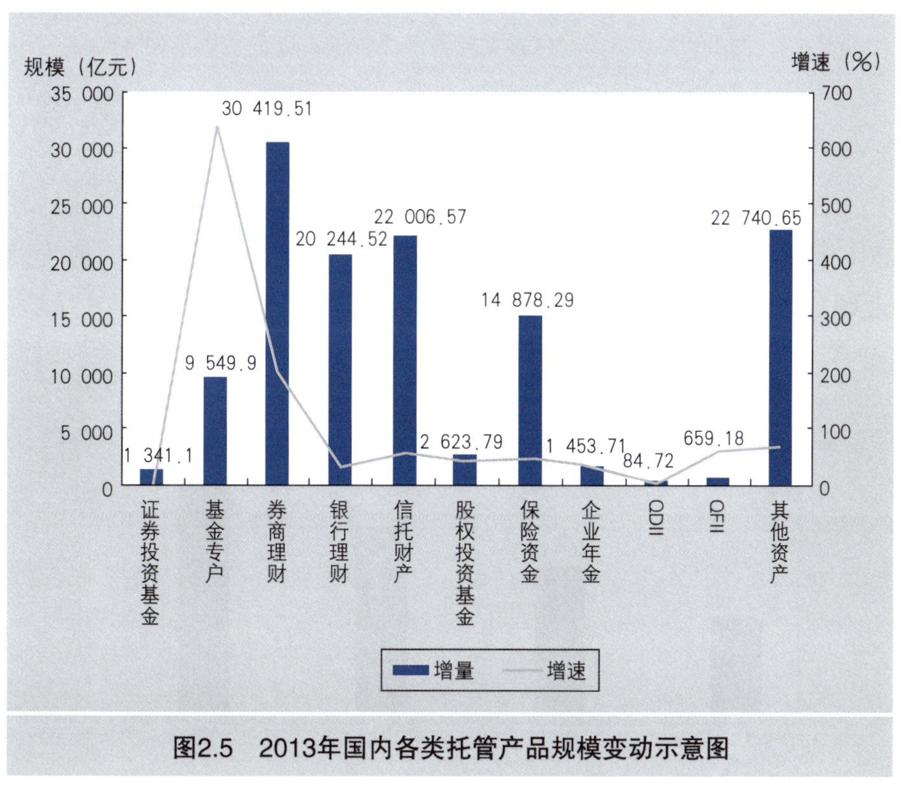

图2.5 2013年国内各类托管产品规模变动示意图

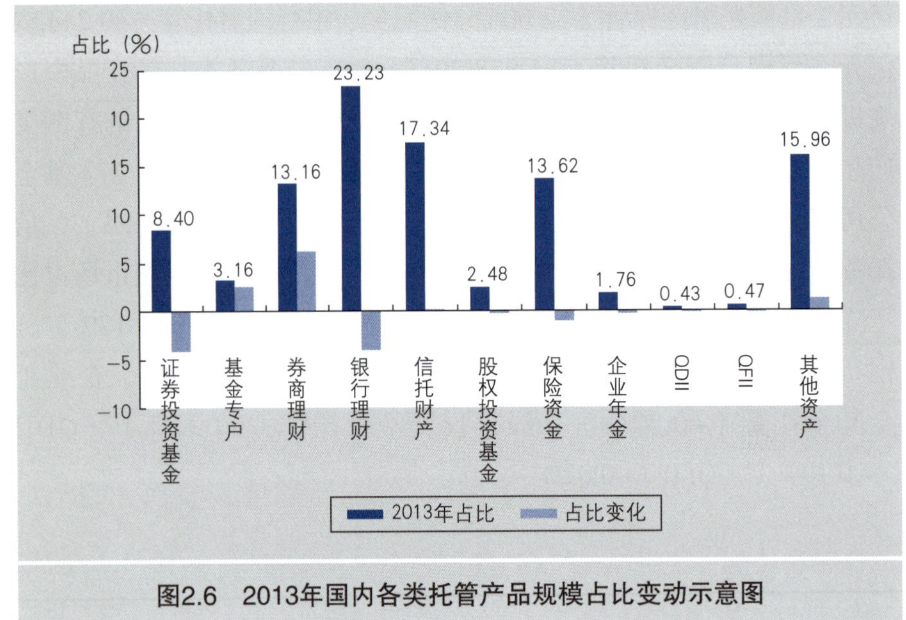

图2.6　2013年国内各类托管产品规模占比变动示意图

五、资产托管收益整体情况

2013年，国内18家商业银行累计实现托管费收入314.58亿元，较2012年大幅增长47.65%，托管费收入增加额达到101.52亿元，成为商业银行中间业务收入的重要来源。

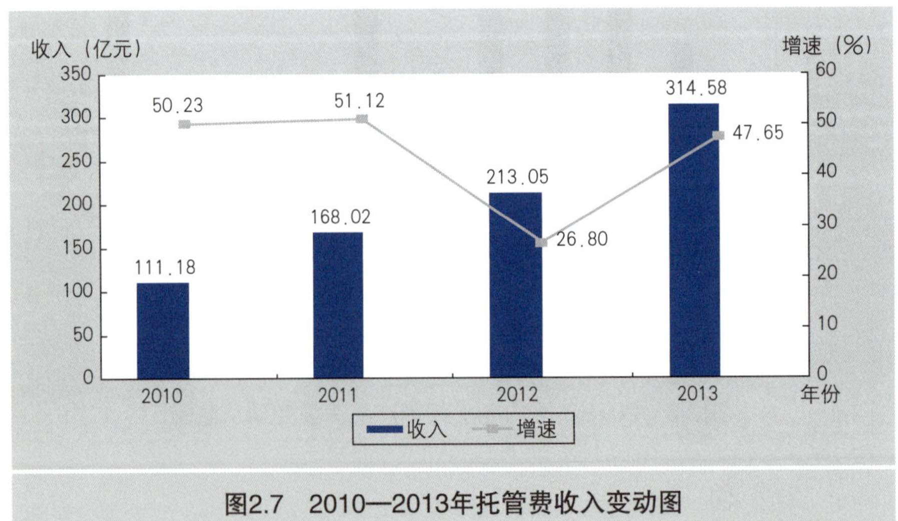

图2.7　2010—2013年托管费收入变动图

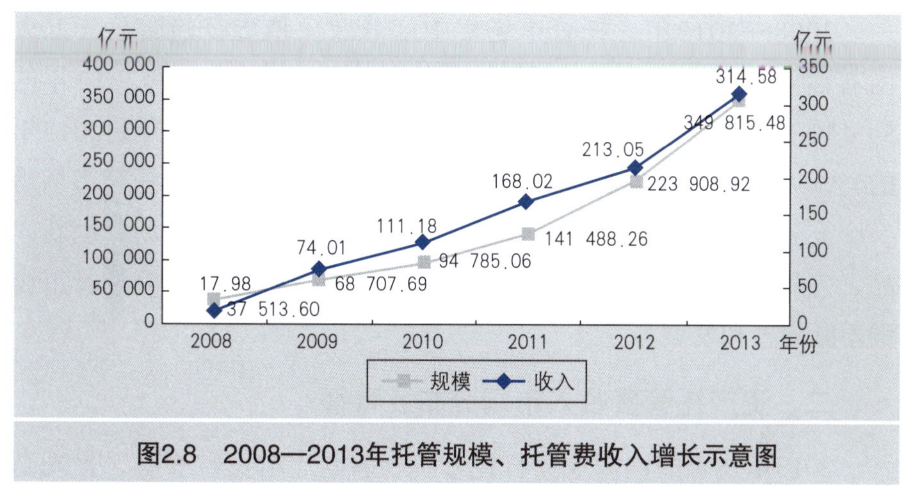

图2.8　2008—2013年托管规模、托管费收入增长示意图

第二节　资产托管市场结构分析

一、资产托管市场集中度

截至2013年末，中国银行业协会托管专业委员会19家成员单位中（以下数据不含宁波银行），中国工商银行托管资产余额达4.62万亿元，市场占比13.21%，连续稳居行业首位，中国银行、中国农业银行、中国建设银行、交通银行、兴业银行托管资产规模均在3万亿元以上。

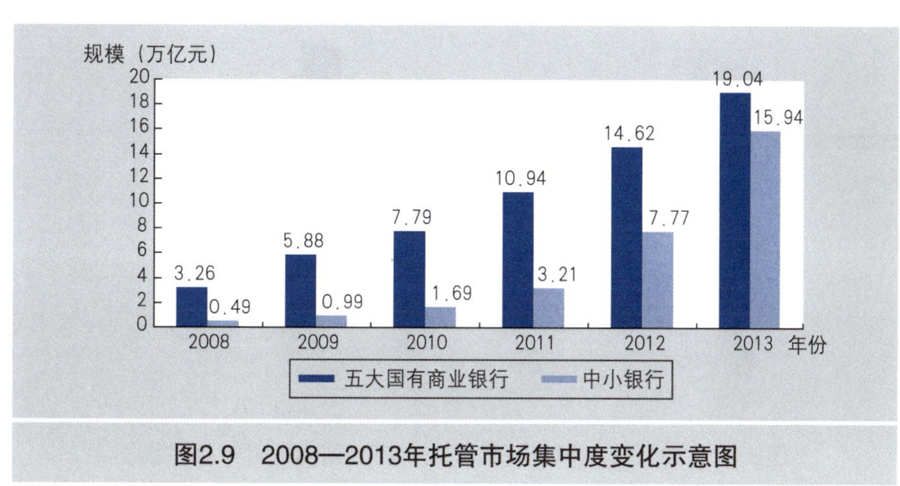

图2.9　2008—2013年托管市场集中度变化示意图

2008—2013年，托管市场集中度分散化趋势日趋明显，五大国有商业银行市场占比从2008年的86.91%持续下降到2013年的54.43%。而中小银行市场占比则从2008年的13.09%上升到2013年的45.57%，占据国内托管市场的半壁江山。这表明我国托管市场是一个充分竞争的市场，有利于激发商业银行不断开发市场、创新产品、完善服务，持续为客户提供更优质的服务，促进国内托管市场的不断完善和发展。

二、资产托管费收入市场分布及特征

2013年18家国内商业银行托管费收入同比增长47.65%，呈现高速增长态势。其中，中国工商银行、中国建设银行、兴业银行、中国农业银行和中国民生银行托管费收入位居行业前五名。从全行业托管收入分布来看，托管收入超过20亿元的商业银行由2012年的3家快速增长到7家，收入在1亿~5亿元的商业银行由7家减少到5家。全部商业银行托管费都已超过1亿元。这表明，伴随2013年全行业托管规模的快速增长，18家托管银行的经济效益普遍呈现良好上升态势。

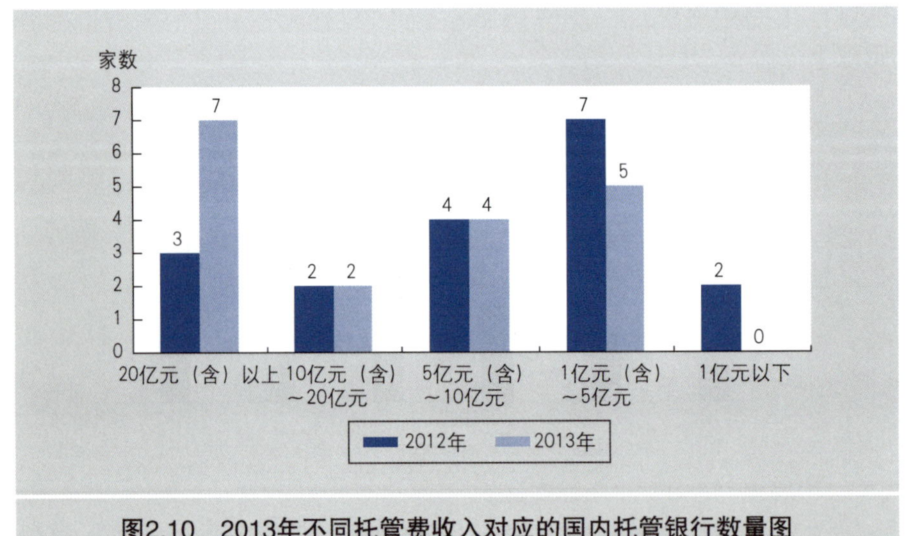

图2.10　2013年不同托管费收入对应的国内托管银行数量图

三、各类产品托管资产市场特征

（一）证券投资基金托管市场

2013年，证券投资基金托管市场稳定增长，年末规模2.94万亿元，较2012年增长4.78%。具体呈现以下特点：一是五大国有商业银行市场占比超过80%。表明五大国有商业银行凭借网点和销售总量优势仍占据市场主导地位。二是五大国有商业银行增速和市场占比双下降。2013年较2012年规模下降2.23%，市场占比下降5.90%。表明中小商业银行开始在证券投资基金市场发力，逐步蚕食五大国有商业银行原有市场份额。三是中国工商银行、中国建设银行、中国银行、中国农业银行和中信银行规模排名前五位。其中，中信银行凭借2013年在互联网金融市场的优异表现，规模增速市场排名第一。

（二）基金管理公司客户资产管理托管市场

2013年基金管理公司客户资产管理托管市场呈现爆发式增长态势，是规模增长速度最快的托管产品，截至年末托管规模达到1.10万亿元，较2012年增长638.82%。呈现以下特征：一是中小商业银行表现活跃，规模、增速双超五大国有商业银行，市场占比超过70%，成为市场发展的主力军；二是中国民生银行、中国工商银行、兴业银行、平安银行托管规模超千亿元；三是平安银行、中国邮政储蓄银行、上海银行、广发银行、渤海银行托管规模增速排名前五名，较2012年增速超过3 000%。

（三）证券公司客户资产管理托管市场

2013年证券公司客户资产管理托管市场继续保持高速发展态势，较2012年增速194.90%，规模达到4.6万亿元，成为托管市场重要的产品之一，表现在：一是中小银行成为该市场的主角，市场占比达到80.31%，成为中小银行做大托管规模的主力产品；二是五大国有商业银行开始发力，较2012年增速达到147.41%，其中交通银行以394.88%的增速在五大国有商业银行中排名第一；三是该市场规模前5位分别是兴业银行、中国光大银行、中信银行、上海浦东发展银行、中国民生银行，其中兴业银行以8 209亿元的规模遥遥领先；四是该市场规模增速前5位分别是上海银行、上海浦东发展银行、华夏银行、广发银行、交通银行，其中上海银行规模增速超过1 000%。

（四）银行理财托管市场

继2012年突破6万亿元后，2013年，银行理财托管市场保持快速增长态势，增速达到33.17%，市场规模突破8万亿元，成为托管市场规模最大的产品。主要特点：一是五大国有商业银行仍占据市场的主体地位，市场占比近60%，但较2012年下降6个百分点；二是中小商业银行保持高速增长，增速达到53.25%，市场占比超过40%；三是该市场托管规模排名前5位分别是中国建设银行、中国银行、中国农业银行、中国工商银行和交通银行，托管规模均超过6 000亿元，其中交通银行增速排名第一，达到86.33%；四是增速排名前5位分别是中国光大银行、广发银行、中信银行、交通银行和中国邮政储蓄银行，均较2012年增幅超过80%。

（五）信托财产保管市场

2013年信托财产保管市场总规模突破6万亿元，较2012年增长56.94%，主要特征：一是中小商业银行巩固了市场地位，规模增速接近五大国有商业银行的3倍，市场占比超过75%，成为信托市场的主要参与者；二是托管规模排名前5位是兴业银行、中国工商银行、中国民生银行、招商银行和上海浦东发展银行，托管规模均超过5 000亿元；三是增速最快的5家是上海银行、上海浦东发展银行、渤海银行、招商银行和兴业银行，增速均超过90%。

（六）股权投资基金托管市场

2013年，股权投资基金托管市场呈现稳定增长趋势，截至2013年末市场规模达到8 664.36亿元，较年初增长43.34%，主要特征：一是随着股权投资基金市场的逐步规范，五大国有商业银行开始在该市场发力，托管规模持续增长；二是中小商业银行继续保持在该市场的领先地位，上海浦东发展银行以1 758.23亿元规模，继续保持行业领先位置；三是上海银行、兴业银行、平安银行、中国光大银行和中信银行增速排名前5位，均较年初增长80%以上。

（七）保险资金托管市场

2013年，保险资金托管规模达到4.76万亿元，较2012年增长45.42%，主要特征：一是五大国有商业银行凭借雄厚的客户资源和广泛的分支机构，在该市场仍保持支配地位，市场占比超过80%，行业排名前5位分别是中国农业银行、中国工商银行、中国建设银行、中国银行和交通银行；二是中小银行开始介入该领域，发展迅速，增速排名前5位分别是中国邮政储蓄银行、华夏银行、招商银行、广发银行和中信银行。

（八）养老金托管市场

2013年，全行业养老金市场保持稳定发展，托管规模突破1.5万亿元，主要特征：一是五大国有商业银行凭借在该市场长期耕耘，占据80%以上的市场份额，其中交通银行养老金规模排名第一，占据全行业养老金市场1/3以上市场份额；二是中小商业银行如招商银行、中信银行、上海浦东发展银行、中国光大银行、中国民生银行等凭借在企业年金市场的积极拓展，取得不俗业绩。

（九）QFII及QDII托管市场

2013年QFII及QDII托管市场主要呈现以下特征：一是受人民币国际化步伐加速及监管政策影响，境外金融机构的准入门槛降低，QFII市场进入快速发展快车道，托管规模达到1 773.19亿元，较2012年增长59.17%；二是受次贷危机余波影响，境内投资者信心尚未恢复，QDII业务发展缓慢，仅较2012年增长6.11%；三是五大国有商业银行凭借较为完善的业务系统、雄厚的客户资源和技术优势，在该领域占据绝对优势，其中中国工商银行依然处于行业领先地位；四是中小商业银行逐步进入该市场，其中上海浦东发展银行发展最为迅速。

（十）其他资产托管市场

随着各经济领域对托管机制的认可和引入，托管市场的创新步伐不断加速，各类创新型资产托管市场成为2013年一个重要的领域，市场容量超过3万亿元，行业排名靠前的主要是国有大型商业银行。

第三章　资产托管业务全球化发展

从全球范围来看，按照托管服务提供的方式、服务的对象和覆盖的市场不同，资产托管服务可分为“本地托管服务”和“全球托管服务”。全球托管服务是在跨境投资中为保证投资组合资产安全，由托管人为全球客户提供的与跨市场证券交易相关服务的行为。2002年末，随着合格境外机构投资者（QFII）资产托管制度在国内试点施行，我国商业银行开始为QFII提供在中国市场的证券投资托管服务，国内商业银行的全球托管业务正式拉开发展序幕，步入快速发展的轨道。

第一节　国内商业银行全球化发展历程

一、全球托管业务的起步（2002—2006年）

QFII托管是国内商业银行开展全球托管业务的起点。2002年末，《合格境外机构投资者境内证券投资管理暂行办法》的颁布，标志着QFII制度正式引入我国。2006年9月1日，新修订的《合格境外机构投资者境内证券投资管理办法》正式实施，其中规定，QFII应当委托境内商业银行作为托管人托管其中国境内的投资资产。

QFII托管业务的开办为国内商业银行正式开展全球托管业务打下了很好的基础。首先，创新服务模式。不少QFII进入中国投资时采取主次托管模式，即在境外聘用全球托管银行、在境内聘用国内商业银行作为次级托管银行，国内商业银行通过与全球托管银行合作，成为全球托管网络的一员，加快了自身与全球托管服务水准的接轨。其次，拓展服务内容。国内托管银行由主要履行保管、清算、交割等基本职能向全面的投资者服务方向转变，开始向境外客户提供投资合规分析、公司行为、税务咨询和市场信息等更加全面的资产托管服务。最后，提升服务品质。QFII托管服务更加注重时效性、全面性和合规性，为满足境外客户要求，国内托管银行在服务系统、信息传输工具等方面积极应对，同时从系统、人员、语言、服务内容及反应机制等方面提升托管服务品质，很大程度上促进国内托管银行全球托管服务水平的提高。

此阶段，中国工商银行、中国银行、中国建设银行、中国农业银行、交通银行和招商银行6家国内商业银行于2003年3月首批获得QFII资产托管业务资格，正式开办全球托管业务。此外渣打银行、汇丰银行和花旗银行的上海分行也获得QFII资产托管业务资格，在全球托管业务发展初期，国内托管银行就直接面临与海外成熟托管银行的竞争。

二、全球托管业务的快速发展（2007—2008年）

2006年4月13日，中国人民银行发布了调整六项外汇管理政策的公告，其中允许符合条件的银行、基金管理公司、保险机构可采取各自方式，按照规定集合境内资金或购汇进行相关境外理财投资，使得合格境内机构投资者（QDII）资产托管制度初步建立，标志着中国资本市场从单向开放步入双向开放阶段，国内托管银行也随之步入全球托管业务发展的快速通道。

2006年6月30日，中国银监会批准中国工商银行、中国建设银行、中国银行和交通银行4家中资托管银行以及汇丰银行和东亚银行的内地分行开办QDII托管业务。此后中国农业银行、上海浦东发展银行、兴业银行、中国民生银行、招商银行、中信银行、中国光大银行、广东发展银行等也相继获批开办QDII资产托管业务。相对于QFII把境外资金“请进来”，QDII则是让境内资金“走出去”，海外资本市场对于国内投资者的吸引力是巨大的，投资者对于QDII产品这一新生事物的热情盛况空前。2007年，QDII公募基金产品正式获准发行，最初发行的第一批QDII公募基金产品甚至创下了日销售规模超1 000亿元人民币的公募基金销售神话。由于QDII公募基金产品在投资市场、投资范围和产品设计上更为灵活，基金管理公司纷纷大力发行QDII公募基金，国内托管银行的全球资产托管规模也随之突飞猛进。2008年末QDII资产规模达到923亿元人民币，推出一年即超过QFII资产规模（689亿元人民币）。QDII业务的产生与发展，有力地提升了我国托管银行的全球托管服务以及营运经验，更推动了我国托管银行的全球化进程。其中，最突出的变革是，国内托管银行由QFII制度中的次级托管人角色转变为QDII制度中的全球托管人角色。

在业务发展初期，受制于自身托管网络不健全、服务能力欠缺等客观因素限制，国内托管银行不得不采用与境外托管代理人分工协作的稳健模式。国内托管银行主要负责QDII产品境内资产的保管、境内账户的管理、境内外资金调拨、客户指令的传递、协助监管部门对QDII产品资金流向和境外投资实施监管等。境外托管代理银行则凭借其全球托管网络、信息渠道、强大的业务处理系统和全球服务团队，承担境外资产保管、资金清算和证券结算等境外托管职能。

对投资于单一成熟市场的QDII产品，境内托管银行多选择自身境外机构作为当地市场次托管人；对投资于多市场的QDII产品，境内托管银行则多数选择委任一家第三方境外托管机构作为全球次托管人，利用它们的全球托管网络提供托管服务。与成熟的全球托管银行相比，此阶段国内托管银行还没有完整、独立履行全球托管人职能，大部分托管职能是由委任的境外托管代理机构完成的。要成为真正意义上的全球托管银行，国内托管银行还需要付出非常艰辛的努力。

三、全球托管业务的平稳发展（2009年至今）

在经历了2007年至2008年的快速发展后，由于全球金融危机的爆发，境外投资市场一直低迷，影响了QFII及各类QDII产品的发展，国内托管银行的全球托管业务也逐渐进入平稳发展时期。随着全球托管业务制度创新和改革进程的加快，各类全球托管创新产品不断推出。

2011年末，人民币国际化进程加快，我国政府推出了人民币合格境外机构投资者RQFII（RMB Qualified Foreign Institutional Investors）制度，允许合格的境外机构以人民币直接投资中国资本市场。同一时期，北京、上海、天津、重庆等城市纷纷试点实施合格境外有限合伙人（Qualified Foreign Limited Partnership，QFLP）制度，试点城市的机构允许接受境外机构投资，成立私募基金产品进行境内投资。2012年，上海率先进行合格境内有限合伙人（Qualified Domestic Limited Partnership，QDLP）试点，允许境内资金通过私募方式投资海外市场。

在此阶段，国内大型托管银行在客户服务、托管营运、网络管理等方面都积累了大量的经验，同时不断地进行全球托管业务的内部结构调整，完善全球业务产品线，发展境外机构托管业务，搭建全球托管服务网络，以应对不断创新的全球托管业务发展趋势。国内的中小托管银行也开始关注全球托管业务，逐步构建全球托管产品体系，兴业银行等中小托管银行相继开办QFII/RQFII托管业务，标志着我国托管银行整体服务实力的全面提升。

四、全球托管业务主要政策介绍

（一）QFII制度

QFII制度是一些新兴市场经济国家在货币没有完全实现可自由兑换、资本项目尚未完全开放的情况下，有限度地引入外资、开放国内资本市场的一项过渡性制度安排。

QFII属于有约束条件的外资引入机制，其限制主要体现在几个方面：一是外资机构的准入资格和进入条件，即何等规模、何种类型的外资机构有条件进行申请；二是允许投资的证券市场产品及其投资比例和持股限制；三是监管机构对投资额度和资金汇出汇入的控制和管理。

2002年，中国人民银行与中国证监会共同颁布了《合格境外机构投资者境内证券投资管理暂行办法》，合格境外机构投资者（以下简称QFII）试点开始实施。2006年在总结试点经验基础上，中国人民银行、中国证监会和国家外汇管理局共同颁布了《合格境外机构投资者境内证券投资管理办法》。2007年根据第二次中美战略经济对话成果，QFII额度从100亿美元增加到300亿美元。近年来，随着我国经济总量持续扩大及资本市场的不断发展，境外机构投资我国资本市场的需求日益增加。为满足境外投资者的投资需求，进一步促进境内资本市场的稳定发展及对外开放，2012年4月，经国务院批准，中国人民银行、中国证监会及国家外汇管理局决定新增QFII投资额度500亿美元，总投资额度达到800亿美元。2012年7月，中国证监会颁布新的《关于实施〈合格境外机构投资者境内证券投资管理办法〉有关问题的规定》，降低了境外机构申请合格投资者的申请门槛，简化了申请材料和流程，扩大了QFII投资范围，提高了投资的持股比例等。同年，国家外汇管理局颁布新的《合格境外机构投资者境内证券投资外汇管理规定》，对QFII额度申请、本金锁定、资金汇出汇入等进行了新的调整，进一步增加了QFII对境外机构的吸引力。

（二）QDII制度

合格境内机构投资者（QDII）制度是指在资本项目尚未完全开放的国家，允许国内投资者通过合格的境内机构投资者往境外投资的机制。

QDII制度的实施，不仅建立了特殊通道使国内资金合法进入国际资本市场，将正常的海外证券投资需求纳入可监管、可调控的轨道，而且有效促使金融资产国际化、多样化，减轻政府干预外汇市场的压力，从而逐步推进我国资本市场开放和人民币资本项目自由兑换。

2006年4月18日，经国务院批准，中国人民银行、中国银监会和国家外汇管理局共同发布了《商业银行开办代客境外理财业务管理暂行办法》，允许境内机构和居民个人委托境内商业银行在境外进行金融产品投资。这意味着酝酿已久的QDII开始全面推出。2006年7月，银行系QDII率先启动，中国工商银行、中国建设银行、中国银行和交通银行首批获得开办代客境外理财（QDII）业务资格。2006年8月，华安基金管理公司被选作为中国基金管理公司QDII产品试点，托管银行为中国工商银行。2006年8月30日，国家外汇管理局发布《国家外汇管理局关于基金管理公司境外证券投资外汇管理有关问题的通知》，规范基金管理公司QDII投资运作。2013年8月，国家外汇管理局发布《合格境内机构投资者境外证券投资外汇管理规定》，对QDII投资额度、资金账户、资金收付及汇兑等实施监督、管理和检查等进行了调整。修订后的QDII法规一个重要的突破是合格投资者以外汇形式汇回的本金和收益，可以外汇形式保留或划转至境内机构和个人外汇账户，也可以结汇划转至其境内人民币托管账户，这一变革赋予了QDII产品更多的灵活性。

（三）RQFII制度

人民币合格境外机构投资者（RQFII）制度是在我国实行外汇管制和人民币未完全实现自由兑换的情况下，有限度地开放资本市场，推动人民币国际化的一种重要措施。通过RQFII制度安排，RQFII机构通过在海外市场发起设立离岸人民币产品，将批准额度内的外汇结汇投资于中国境内证券市场，形成一种人民币回流机制。

2011年12月16日，中国人民银行、中国证监会和国家外汇管理局联合发布了《基金管理公司、证券公司人民币合格境外机构投资者境内证券投资试点办法》，允许符合一定资格条件的基金管理公司、证券公司的香港子公司作为试点机构，运用其在境外募集的人民币资金在经批准的人民币投资额度内开展境内证券投资业务。

截至目前，RQFII制度已经在香港地区、台湾地区、新加坡、伦敦和巴黎试点施行，RQFII总额度已达5 800亿元人民币。与QFII相似，RQFII的申请机构需向中国证监会申请RQFII资格，并向国家外汇管理局申请投资额度。在产品发行前，还需向本地的监管部门申请产品发行。RQFII制度的推出，拓宽了境外人民币投资渠道，进一步改善了资本市场投资者结构，建立了跨境资本的有序流动，推动了境内证券市场对外开放，促进了证券经营机构跨境业务发展。

（四）合格境外有限合伙人（Qualified Foreign Limited Partner，QFLP）制度

为推动我国资本项下外汇管理制度的创新突破，优化外商直接股权投资中结售汇相关流程，在中国人民银行、国家发展和改革委员会、国家外汇管理局等相关部门的鼓励支持下，京津沪渝深等五地相继推进外商股权投资基金（QFLP）试点业务，每个试点城市各获得30亿美元的换汇额度，由接受申请的主管部门根据具体情况将额度审批给各外资股权投资机构。

QFLP即合格境外有限合伙人，是指境外机构投资者在通过资格审批、额度审批和其外汇资金的监管程序后，将境外资本兑换为人民币资金，发起设立股权投资基金（Private Equity，PE）进行中国境内投资。QFLP采用额度一次审批，分笔自行结汇的操作方式。基金管理人可直接到托管银行申请办理结汇。同时，托管银行将利用既有客户资源，协助基金选择合作投资项目。

（五）人民币合格境外有限合伙人（RQFLP）制度

RQFLP试点是在合格境外有限合伙人（QFLP）的基础上，参照RQFII创新性地推出来的一项机制，在申请的额度内，让合格的LP（有限合伙人）在合格的GP（普通合伙人）的管理下，在额度内把海外募集的人民币资金直接输入境内，进行各类私募股权投资。2012年10月，RQFLP在上海市启动试点，新启动的RQFLP试点主要

针对持有离岸人民币的投资机构，通过RQFLP渠道在境内设立股权投资企业的规则与QFLP完全一样。RQFLP试点的启动，大大地拓宽了海外资金，特别是离岸人民币资金投资中国内地市场的渠道。这也是继人民币FDI、人民币合格机构投资者（RQFII）之后，海外人民币回流的又一渠道。

RQFLP简单说，就是持有离岸人民币的投资机构今后可以直接用手中的人民币在上海设立外商股权投资企业（QFLP）。商业银行开展RQFLP托管业务除基本托管服务外，主要提供以下特色服务：一是为RQFLP客户提供试点政策咨询、协助其申报试点资格；二是托管银行为RQFLP试点企业开立基本户、人民币资本账户、人民币投资专用账户等相关账户，严格监督资金使用情况；三是为RQFLP客户提供项目对接、投贷联动、财务顾问服务等增值服务。此外，托管银行应监管部门要求，及时报告跨境人民币资金的进出情况、项目投资情况。

（六）合格境内有限合伙人（QDLP）制度

所谓QDLP（Qualified Domestic Limited Partner，QDLP）即合格境内有限合伙人，与QFLP制度资金流动方向相反，QDLP则是允许向境内的投资者募集人民币资金，并将所募集的人民币资金投资于海外市场。目前，QDLP仅在上海市进行试点实施，初期试点额度为50亿美元。无论是中资资产管理机构或是外资资产管理机构，入选QDLP试点的关键是资产管理机构必须具备较强的投资管理能力。QDLP的管理机构和投资人的门槛比传统投资二级市场的QDII产品高，与私募股权基金（PE）的门槛相类似。海外的对冲基金也可申请参与QDLP试点，最初获批参与试点的海外对冲基金旗下管理资产至少要达到100亿美元，且海外对冲基金到境内募资是有前提条件的，即这些基金要在上海注册登记，而且只能投资海外的二级市场。

第二节　国内托管银行全球化发展现状与特征

根据中国银行业协会托管业务专业委员会统计显示，截至2013年末，共有6家国内托管银行开办QFII资产托管业务，托管规模净值为1 773.19亿元人民币，11家国内托管银行开办QDII资产托管业务，托管规模净值1 470.36亿元人民币。

一、托管规模逐年上升

截至2013年末，共有12家国内托管银行开办了全球资产托管业务。自2003年国内托管银行开办QFII资产托管业务以来，全球资产托管规模从最初的170亿元上升到2013年末接近3 150亿元（不含RQFII），上涨了20多倍。特别是2007年QDII产品推出后，国内托管银行全球资产托管规模上升势头更加明显，轻松实现从百亿元规模到千亿元规模的跨越，又在近五年内连续突破2 000亿元和3 000亿元大关。

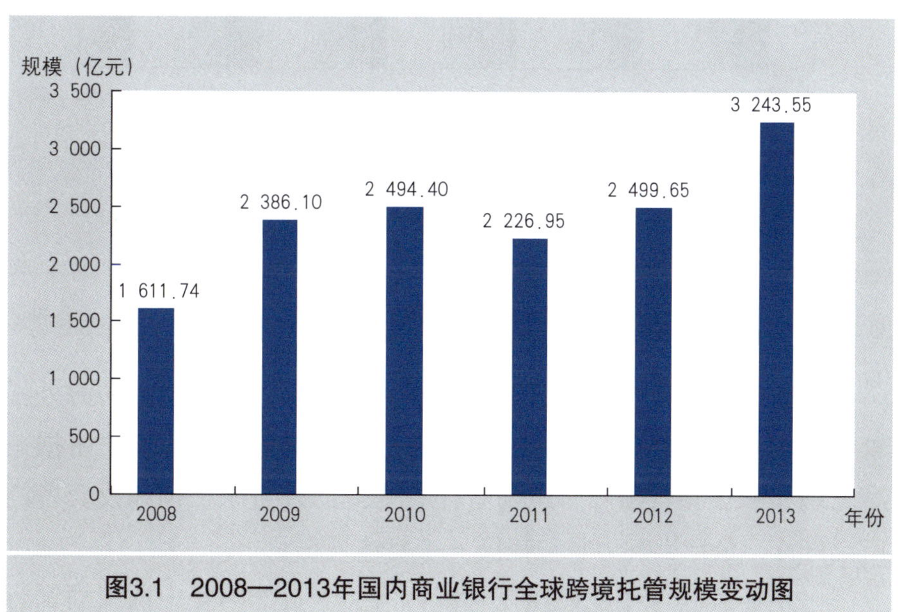

图3.1　2008—2013年国内商业银行全球跨境托管规模变动图

2008年以来，国内托管银行QFII资产和QDII资产托管规模呈现稳中有升的发展态势。2008年和2011年世界经济两次遭遇国际金融危机的冲击，与国际资本市场走势密切相关的QFII和QDII资产净值在当年缩水严重，国内托管银行全球资产托管规模受到一定的影响。经历短暂的调整后，在经济复苏、政策刺激、产品创新等诸多因素作用下，又重新进入上升通道。

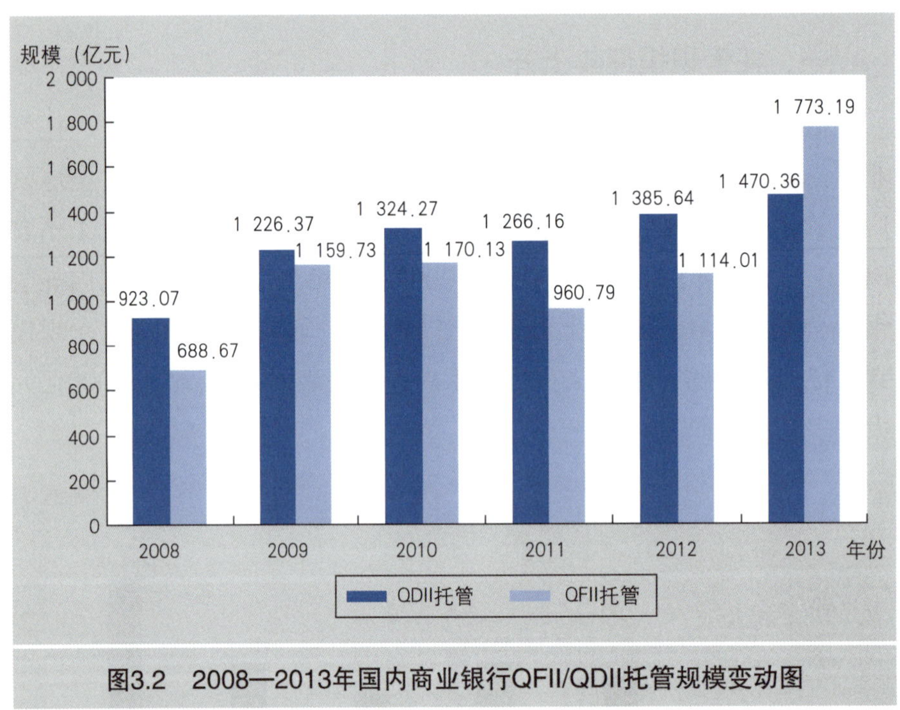

图3.2 2008—2013年国内商业银行QFII/QDII托管规模变动图

二、市场影响日益提高

国内托管银行全球托管业务发展十余年来，从最初的向海外托管银行学习先进经验、技术，到现在已经在国际金融市场中占据一席之地，积极参与国际分工与合作，受到海外金融机构和投资者的广泛好评，全球影响力日益提高。主要体现在：

一是连续获得年度最佳托管银行大奖。自2004年中国工商银行首次被香港《亚洲货币》杂志评选为中国境内唯一一家“中国最佳托管银行”开始，国内各大托管银行每年都获得国际权威财经媒体美国《环球金融》、英国《全球托管人》、香港《财资》、《亚洲投资者》等颁发的“中国最佳托管银行”等荣誉称号。

二是积极参与举办全球性的金融论坛，在全球范围内广泛推荐中国的资产托管业务，提升中国托管银行的国际影响力和形象。如2013年，中国建设银行分别在香港地区、曼谷、伦敦等地举办了QFII/RQFII投资论坛，宣传QFII/RQFII最新政策。其中在伦敦举办的论坛，吸引了来自10多个国家的185家欧洲及亚洲的投资机构，出席代表达300多位。论坛举办时正值中英合作不断紧密、伦敦获得首个欧洲RQFII 800亿元额度及英国首相卡梅伦访问北京之际，因此受到中外媒体高度关注。论坛的成功举办不仅提升中国建设银行托管品牌的知名度，更在境外市场发出了中国托管行业的响亮声音，提升了我国托管行业的整体形象。

三是加强与海外先进成熟的托管银行各方面合作交流，通过互为主次托管银行、派业务骨干去境外托管银行实习、工作等形式，强强联合，提升在当地的影响力。

三、产品种类不断扩展

作为商业银行中间业务的重要组成部分，资产托管业务是各家商业银行重点发展的新兴业务，而全球托管业务更是顺应各大银行国际化发展，努力开拓境外市场的重要一环。随着中国资本市场对外开放的不断深入，境内外全球金融市场的日益融合，国际资本流动迅猛发展，金融创新活动层出不穷，全球资产托管业务的产品种类也不断扩展。由最初只有单一的QFII资产托管和QDII资产托管，发展到ESCROW、RQFII、QFLP和QDLP等诸多创新全球托管业务。极大地丰富了国内托管银行的全球业务产品线，扩大了服务领域，有利于促进国际资本流动的顺畅、安全、高效，为中国资本市场开放作出了积极的贡献。

四、业务范围不断延伸

在丰富全球托管产品种类的同时，国内托管银行也在不断地开拓海外市场，拓展全球客户群体。

中国工商银行共为来自16个国家和地区的43家QFII机构、26家RQFII机构提供跨境托管服务，客户类型涵盖主权基金、大学捐赠基金、养老金、资产管理公司、商业银行、保险公司等各类金融机构。同时，伴随着境内客户“走出去”的机会，中国工商银行致力于为客户全球资产配置提供一站式、全方位的全球托管服务，目前服务范围已涵盖北美、欧洲和亚太等全球主要资本市场。

中国农业银行全球托管服务市场已基本覆盖北美、欧洲和亚太等全球所有主要证券市场，客户类型涵盖境外主权基金、资产管理公司、投资银行、商业银行、全球托管银行、境内基金管理公司、证券公司和中资金融机构香港子公司等。

中国银行目前服务于中国境内及美国、英国、法国、瑞士、加拿大、韩国、日本等国家及我国港澳台等地区的30家QDII客户、21家QFII机构以及30家RQFII机构，客户类型涵盖主权机构、基金管理公司、证券公司、商业银行、保险公司、信托公司等。其中，在QDII托管方面，中国银行经过近十年摸索，通过与多家境外托管银行合作，托管网络可覆盖全球逾一百个投资市场，托管资产类型涉及权益类、固定收益类、另类投资、货币市场工具、金融衍生品等各类投资工具。

中国建设银行是首家开展QFII托管业务的中资托管银行。截至2013年底，建设银行已托管来自香港地区、新加坡、台湾地区、韩国、日本、泰国、澳大利亚、欧洲及北美的31家QFII机构以及11家RQFII机构，客户类型覆盖主权养老基金、资产管理、商业银行、证券公司及保险公司等；在QDII托管方面，建设银行通过与多家全球托管银行合作、与自身境外托管网络相结合的方式，为基金、保险、券商、信托等客户提供全球托管服务，托管境外投资已基本覆盖全球主要成熟市场和新兴市场，涉及股票、基金、债券、股指期货、存托凭证和衍生产品等类别。

交通银行全球托管服务实现北美、欧洲和亚太等全球所有主要证券市场全覆盖，并建有中资银行在港首家境外资产托管中心——“交银资产托管中心（香港）”。拥有来自中国内地、香港地区、伦敦、台湾地区、日本、瑞士等国家和地区的QFII/RQFII机构客户20家、QDII客户18家；客户类型覆盖主权基金、养老金、资产管理公司、商业银行、保险公司、期货公司、慈善基金等；产品领域包括QFII、RQFII、QDII、QDLP、ESCROW、股权激励计划、三类机构等；托管资产标的涉及股票、基金、债券、货币市场工具、期权期货、金融衍生产品等各类投资工具。

招商银行全球托管服务网络已基本覆盖北美、欧洲和亚太等全球主要证券市场，服务的客户群体为商业银行、信托公司、基金管理公司等。托管的产品类型包括QDII公募基金、基金专户QDII产品、银行QDII理财产品、信托QDII产品等。托管资产类型涉及股票、基金、债券、货币市场工具、存托凭证、期权期货、金融衍生产品等各类投资工具。

上海浦东发展银行全球托管服务市场覆盖了北美、欧洲和亚太地区的证券市场，服务的客户群体为银行、基金管理公司、信托公司。托管的产品类型包括银行QDII理财产品、基金专户QDII产品、集合信托QDII产品。

中信银行全球托管服务市场覆盖了美国、亚太等地区的证券市场，客户群体为商业银行、基金管理公司、证券公司。兴业银行、中国民生银行目前全球托管业务服务市场主要为香港地区，客户类型涉及基金管理公司和证券公司等。

五、服务能力稳步提升

国内托管银行通过与海外托管银行的业务合作交流，不断提升自己的全球托管服务能力，在技术、系统、人才等方面都获得了很大的进步。

中国工商银行通过自主开发全球托管服务系统，面向中国工商银行境外三大区域中心和全球托管代理银行，能够为该行的全球资产托管客户提供高度自动化的全球投资资产买卖指令处理、台账管理、对账管理等服务。

中国农业银行着力提升托管系统信息科技水平，以自主开发和外部购买相结合的模式，构建了功能完善的全球托管系统平台，可以向境外投资客户提供全方位的服务。

中国银行基于现有国内托管业务系统，结合国际先进技术与经验，推出了完全自主知识产权的全球托管系统，可提供账户管理、指令管理、公司行动及清算交收等境外托管业务基础服务，并整合了财务估值、投资监督、绩效评估等增值服务子系统，构建出统一、全面的全球托管服务平台。同时，该平台实现与渠道系统、资金汇划系统及统计分析系统的无缝衔接，共同完成对托管业务的支持。

中国建设银行设立了专门的业务团队为客户提供全球托管服务，通过自行开发的托管业务系统和SWIFT报文处理系统处理全球托管业务的各类指令和报告，为客户提供面向全球市场的跨境资金清算、证券结算、资产保管与核对等全面的托管服务。

交通银行开发了安全高效的托管技术系统，在境内外建立了功能齐全的托管业务系统、完整的灾难恢复措施、多重的备份手段、独立的数据库和可靠的通讯渠道，并与全球托管人系统实现无缝对接，确保全球托管资产资金安全。

上海浦东发展银行托管系统已与选任的三家境外托管行实现对接，建立了全球托管业务专项团队，配备了专门产品经理和运作人品，服务于全球市场。

六、网络布局日臻完善

中国工商银行将托管业务全球化发展确定为托管业务发展战略，致力于在全球范围内为投资者的投资和资产配置提供托管服务。近年来，中国工商银行充分利用境内外分支机构和客户资源，积极培养具备条件的境外分支机构开办全球托管业务，搭建起全球托管业务发展平台，全球化托管服务网络建设初具规模，美洲、亚洲和欧洲三大区域托管中心建设取得积极进展。随着以全球托管总部、区域托管中心、本行分支机构和托管代理行三个层次为核心的全球托管网络体系的日趋成熟，中国工商银行可在全球范围内为客户提供更加优秀的托管服务。

中国农业银行在全球托管业务发展上，采取与海外托管银行的“1+N”的双向合作模式。在QFII/RQFII业务上，既可以直接向境外机构提供托管服务，也可以作为全球托管银行在境内的次托管行，与其配合向客户提供服务。在QDII业务上，境内担任主托管行，境外由在不同市场委托的海外代理行提供托管及相关服务。

中国银行紧密配合客户“走出去”步伐，一方面通过与多家境外代理行建立战略合作关系，托管网络覆盖全球逾一百个市场；另一方面，注重培养自身主要海外机构的本地托管能力，不断将更多具备条件的海外机构纳入全球托管网络中来。2012年，中国银行首度采用总分行配合（即总行担任全球托管行，自有海外分行担任本地托管行）的模式为广发纳斯达克100QDII提供全球托管服务，后续陆续有数只公募基金QDII采用该模式。

中国建设银行通过与境外托管行合作以及自身境外托管网络相结合的方式开展全球托管业务。一方面与境外托管银行共同服务QFII/RQFII机构在中国的投资，另一方面借助境外托管银行广泛的全球托管网络服务QDII对外投资，投资市场已可覆盖全球100个国家和地区的证券市场。此外，中国建设银行还充分整合境外分支机构资源优势，积极培养符合条件的境外机构开展当地市场托管业务，逐步搭建全球托管业务平台。

交通银行的全球托管模式包括与全球托管行合作及委任自身机构两种。目前，交通银行与汇丰银行、北美信托等全球托管行具有主次托管合作关系。自2013年3月起，交通银行委任交通银行境外全资子公司——交通银行信托有限公司搭建“交银资产托管中心（香港）”，该中心为中资银行在香港首设境外资产托管中心。该中心依托交通银行强大的客户基础和卓越的服务能力，负责香港地区和亚太地区市场营销、产品开发及创新，对加快香港地区经济发展和稳定金融市场起到积极的作用。

中国民生银行通过与全球领先托管银行合作方式，借助外部的力量，快速搭建起全球托管服务网络。中国民生银行现已与摩根大通、花旗银行签署了托管服务协议。在现有QDII产品的托管中，中国民生银行采用了和全球托管银行分工协作的模式，通过委托全球托管银行共同为QDII产品的境外投资提供证券交收、资金清算、投资监督、会计核算等托管服务。

上海浦东发展银行选任了花旗银行香港、纽约梅隆银行、BBH银行担任境外托管银行，中信银行选任了BBH银行、渣打银行担任境外托管银行，全球托管网络均覆盖全球主要市场，全球托管服务能力较强，可以满足境内客户的境外投资需求。兴业银行与汇丰银行、BBH银行、道富银行等开展全球托管服务合作，采用分工协作的模式，共同为客户的境外投资提供证券交收、资金清算、投资监督、会计核算等托管服务。

第三节　全球托管银行的经验与启示

一、国际商业银行全球托管业务发展历程与特点

（一）国际商业银行全球托管业务发展历程

1. 业务起步阶段（20世纪70年代至80年代）。1974年，大通曼哈顿银行率先推出全球托管服务。随后，其他银行纷纷效仿，推出全球托管产品，并在全球范围内着手建立全球托管网络，以满足共同基金、养老基金等大型机构海外投资的需要，向全球投资者提供以安全保管、交易、清算、核算、通讯和报告服务为主的基本托管服务。

2. 业务发展阶段（20世纪80年代至90年代）。随着各国资本市场逐步对外开放，机构投资者置身于纷繁复杂的市场交易规则、品种多样的投资对象和变化多端的投资策略，以及不断创新的投资工具中，面临最大化投资回报的挑战。全球托管银行通过遍及多个市场的次托管网络，形成强大的全球证券保管、结算和信息服务能力，使投资者在全球范围内投资变得更加容易，清算风险和市场风险明显降低。同时，全球托管业务的服务范围不断扩展至证券投资之外的其他业务领域。

3. 业务转型阶段（20世纪90年代至21世纪初）。在金融全球化的背景下，投资者对于跨境投资的兴趣与日俱增。全球托管银行在业务模式渐变过程中，主动调整业务结构，通过不断地收购、兼并，建立了更为发达的全球托管网络，并利用在资源整合、信息共享方面的优势，实现了各区域金融市场托管服务的有机联动，扩大托管业务的内涵和外延。如纽约梅隆银行主导并购达80多次，2006年纽约银行同摩根大通（JPMorgan Chase）进行业务互换，2007年纽约银行与美国梅隆金融公司（Mellon）合并后组建纽约梅隆集团

（Bank of New York Mellon Corp.），成为全球最大资产服务和管理机构。花旗银行通过收购Bisys集团、Forum集团、ABN AMRO、AGF管理公司等金融机构的托管，形成了以美洲为中心，辐射全球的托管服务网络等。这一阶段，托管行业的集中度明显提高，大型托管银行已经控制了超过70%的全球托管资产，信托公司等其他非银行金融机构逐渐退出托管舞台。托管业务进一步走向整合和创新，托管服务更趋个性化，以更好地满足投资者需求为首要目标，开始为投资管理人提供更全面的支持服务、主托管服务和外包服务等。

4. 开拓新兴市场阶段（21世纪初至今）。随着投资者对于新兴市场的兴趣日益浓厚，托管银行在成熟资本市场的竞争日益加剧，全球托管银行通过设立分支机构或者战略并购等方式加快了对包括中国在内的新兴资本市场的开发。如道富银行自2010年以来加大对海外市场的拓展力度，2012年，其托管的美国以外的资产规模达到总资产的33%。汇丰银行将托管业务发展的主要方向投向亚洲、中东及拉丁美洲等新兴市场，业务和人员规模发展迅速。2012年末，在汇丰银行托管的5.7万亿美元资产中，亚太地区占比达到49.9%，并呈现逐年递增趋势；2013年第一季度末，汇丰银行亚太区的托管服务人员在其全球占比高达47%。亚洲等新兴市场已成为全球托管银行重要的战略发展目标。

（二）国际商业银行全球托管业务特点

1. 全球托管业务呈现出较强的集中态势。托管资产的规模和收入主要集中在少数几家大型托管银行。随着市场竞争对托管银行收入成本结构的压力不断加大，小型托管银行的发展受到越来越多的局限，大型托管银行的规模经济效应日益显现，全球托管行业发展日趋集中化。全球托管网（globalcustody.net）2013年第一季度统计数据显示，全球前十大托管银行中，纽约梅隆银行、JPMorgan、道富银行和花旗银行四家银行的托管规模都超过10万亿美元，四家银行的托管规模合计达到76.41万亿美元，占全球资产托管总额的

62.32%。由于美国是全球跨境投资最活跃的地区，因此全球前四大托管银行全部是美国本土银行。

表3.1　全球前十大托管银行的托管资产规模

托管银行	托管资产规模（单位：10万亿美元）	截至时间
纽约梅隆银行 BNY Mellon	26 300	2013年3月31日
摩根大通银行 J.P. Morgan	18 800	2012年12月31日
道富银行 State Street	17 806	2012年12月31日
花旗银行 Citi	13 500	2013年3月31日
法国巴黎银行 BNP Paribas	7 291	2012年12月31日
汇丰银行 HSBC Securities	6 049	2012年12月31日
北美信托 Northern Trust	4 800	2012年12月31日
法国兴业银行 Société Générale	4 528	2013年6月30日
布朗兄弟哈里曼银行 Brown Brothers Harriman	3 600	2012年12月31日
CACEIS Bank	3 200	2012年12月31日

2. 形成以客户为中心的业务拓展模式。全球托管银行基本形成了以客户为中心、以服务为导向的业务拓展模式，通过交叉营销为客户提供一站式、全方位的金融服务，以满足客户多样化的金融需求，金融产品创新和销售只是服务实现的载体，通过服务带动产品销售，形成围绕全球受托金融资产投资管理活动开展的资产服务。同时，全球托管银行注重客户关系维护。从国外托管银行的发展历程上看，随着客户数量、资产规模、资产种类的增长，各家托管银行为了稳定客户关系，提高客户满意度，均设有专门的客户服务团

队。该团队独立于前台营销团队与后台运作团队，团队成员一般具有多年的托管业务运作经验，主要负责与客户沟通、联络、提供咨询、查询服务，协助客户解决在日常业务处理中遇到的问题等。以客户为中心的服务理念有利于客户需求挖掘，更有利于客户忠诚度的长期维护。如BBH内部设立了三个专门的客户关系管理团队：全球客户关系和销售团队（Global Relationship & Sales Manager，GRSM）、客户服务团队（Client Service Group，CSG）和客户咨询管理团队（Inquiry Management），为客户提供全方位的服务。

3. 构建了完善的全球托管业务产品线。全球托管银行围绕客户投资的全过程而展开服务，建立了以托管服务为基础，各种附加服务为补充的强大丰富的产品线，服务范畴涵盖证券发行、投资管理、交易结算、风险管理、外汇兑换、证券借贷、现金管理、会计核算、绩效评估、信息报告等整个投资过程。相比之下，托管服务作为吸引客户的敲门砖，只是投资服务的一部分，而高附加值的“增值”服务或“配套”服务均作为独立收费的产品或业务来运营，是全球托管银行盈利的主要来源。

4. 实现标准化的业务流程及细化分工。全球托管银行内部广泛采用标准化运作流程，流程中的每个环节尽可能分割和细化。比如BBH将托管前台服务按地区及市场细分为市场与客户关系维护团队、咨询团队等。后台服务流程划分得更为精细，在核算、清算、定价、合规监督、公司行为、证券借贷、风险控制等各个环节都由专门的团队负责，团队之间的信息传递及共享主要依靠系统自动完成，安全高效。这样细致的分工有利于明确各个岗位的职责，不仅提高了工作效率，同时通过限定每个人员的权限，安全有效地进行了流程风险控制。

5. 注重科技和人才投入。目前全球托管银行都在不遗余力地开发、升级技术系统，以先进灵活的信息技术尽可能地提高服务的人性化程度，构建竞争优势。比如纽约梅隆银行设计出独具特色的服务平台和特色工具（如流动性管理平台Liquidity DIRECTSM、专业的风险管理工具TOPx、网上平台系统INFORM、多种财务会计系统WORKBENCH等）。INFORM系统为客户提供信息报告服务，标准绩效报告可由报告工具自动生成，包含以图表为主的各种业绩指标，客户可查询业绩表现情况，并可灵活定制报告，选择不同维度、基准及指标对投资资产结构及业绩表现进行分析。为了应对日益增长的客户需求，纽约梅隆银行每年将费用预算的20%投入到系统建设中，仅2011—2012年度科技投入就达到7.3亿美元。随着托管资产规模的扩大，客户种类的增加，客户需求的多元化，以及在亚洲新兴市场的业务发展，各家银行的托管业务人员逐年增加。截至2013年第一季度，汇丰银行的资产服务团队在全球共有7 141人，其中亚太区3 368人，欧洲及中东区3 515人，美洲区258人。截至2012年末，纽约梅隆银行的资产服务在全球共有16 980名专职雇员，其中美洲区9 048人，欧非区4 583人，亚太区3 349人。

6. 后台业务逐步向海外低成本地区转移。随着经营成本压力日益突出，依靠强大的信息网络传输技术，大型全球托管银行的后台业务呈现“离岸化”趋势，并纷纷向海外低成本地区转移，以实现精细化、集约化、专业化的营运管理。比如汇丰银行的全球托管服务采用中心辐射型运营模式，亚太和中东地区的后台服务由建立在马来西亚吉隆坡和印度加尔各答的服务中心提供7×24小时不间断的营运支持。

二、国内商业银行全球托管业务展望

（一）市场潜力巨大，打造全球托管银行

随着人民币国际化进程的加快，境外机构投资中国（QFII、RQFII）、中国机构投资海外市场（QDII）双向资本流动的规模越来越大，以及逐步开放的大陆和香港地区两地基金互认安排以及自由贸易区离岸金融业务等新制度安排的出现，必将为全球金融投资活

动提供更加便利的工具和更加广阔的舞台，也必将为服务于跨境和全球投资活动的托管业务带来新的发展机遇。

我国托管银行经过10多年的经验累积，在跨境客户服务、系统构建、托管营运、合规风控和全球托管网络等多方面形成了自身的全球托管业务服务体系和成熟业务框架与业务模式。国内托管银行的全球托管服务也日益获得全球投资客户和全球托管银行的认可，客户服务的范围和托管服务覆盖的市场日益增多，国际知名度逐年提升。

我国商业银行的经营全球化、综合化发展战略为托管业务全球化提供战略支持。近年来，我国商业银行全球化发展战略快速推进，境外分支机构初具规模。以中国工商银行为例，截至2013年末，中国工商银行的境外网络已扩展至40个国家和地区，通过329个境外机构基本建立了跨越亚、非、欧、美、澳五大洲的海外经营网络，国际主要经济体和金融市场都建立了分支机构。全球托管业务的发展离不开组织机构的全球化，我国商业银行遍布全球经营网络的建成，必将对托管业务的全球化发展提供强大的组织保障。另一方面，大力发展中间业务、完善收益结构正成为国内商业银行战略转型的重点。资产托管业务收益稳定、资本占用少、业务增长迅猛且对其他相关业务带动作用大。近几年资产托管业务收入在各家商业银行的中间业务收入和营业净收入中的占比逐年攀升，资产托管业务已经成为商业银行中间业务收入快速增长的新动力。

我国商业银行应充分利用全球托管业务发展的有利时机，借鉴国际先进全球托管银行的成功经验，在科学的发展轨道上实现全球托管业务的良性发展。

（二）利用本土优势，向全球托管银行转型

国内托管银行可利用QFII、RQFII、QDII以及基金互认、自贸区等制度深化推进的有利契机，充分发挥本土服务优势，提升在全球托管业务中的自主服务比重，逐步摆脱对全球托管代理人的依赖，积累服务经验与储备人才，提升系统服务能力，通过自主委任的方式在全球主要市场构建自己的托管代理人服务网络，真正实现向全球托管银行的转变。

（三）调整产品结构，打造综合型投资者服务

当前国内托管行业，全球资产托管产品呈现显著的同质化趋势，服务内容主要局限于托管基础服务，增值服务产品缺乏，服务水平较全球托管银行相比存在较大差距。与全球托管银行相比，我国托管银行这种以“托管”为主的业务经营模式存在明显的劣势，已无法满足投资者综合化和整合化的服务需求。我国托管银行应适时扩展托管业务的服务外延，将与托管服务紧密相关的外包服务、现金管理、外汇服务等金融服务进行整合，将全球托管服务打造成集资产保管、会计核算、资产估值、资金清算、基金事务管理、证券借贷、证券投资运营外包、档案保管、绩效分析和TA服务等具有高度扩容性和综合化的服务。

（四）加快系统建设，夯实全球托管业务基础

国内托管银行应进一步加大对全球托管系统研究和开发的投入，借鉴全球托管银行的系统模式，在现有托管系统模式的基础上，构建更具开放性和适应性的全球托管服务系统，完善托管系统处理模块，尤其是与境外托管代理人对接的报文处理系统等，重点开发托管增值服务产品系统，以适应未来全球托管业务快速发展的需要。

第四章　资产托管政策发展

第一节　基金证券类法规

一、《公开募集证券投资基金参与国债期货交易指引》

【政策名称】

《公开募集证券投资基金参与国债期货交易指引》（证监会〔2013〕37号公告），出台时间：2013年9月3日。

【出台背景】

国债期货是重要的基础金融衍生品和风险管理工具。从公募基金的角度来看，参与国债期货很有必要。一是目前公募基金持有的国债规模较大，有着较大的避险需求。二是参与国债期货有助于基金提高投资效率，完善风险管理水平。三是国债期货的推出有助于推动产品创新，促进市场的多元化发展。四是基金的参与不仅可以丰富市场主体，还能发挥机构投资者作用，促进市场平稳运行。针对基金参与国债期货，中国证监会一方面进一步研究了国外的相关发展经验和监管制度，另一方面总结了前期基金参与股指期货的相关情况及经验。在这些研究的基础上，拟定了《公开募集证券投资基金参与国债期货交易指引》（以下简称《指引》），对参与国债期货的基金种类及比例限制等方面进行了规定和规范。

【政策解析】

《指引》对基金投资国债期货的投资策略、参与程序、比例限制、信息披露、风险管理、内控制度等提出了具体要求。主要内容如下：

1. 在投资策略上以套期保值为主，严格限制投机。明确提出除保本基金及特殊基金品种外，应当根据风险管理的原则、以套期保值为目的。

2. 针对不同类型的基金产品实行分类监管原则。明确了股票基金、混合基金、债券基金（短期理财债券基金除外）及保本基金可以参与国债期货交易，短期理财债券型基金、货币市场基金不得参与国债期货交易。此外，豁免了保本基金及特殊基金品种参与国债期货的比例限制，为产品创新预留了空间。

3. 按照套期保值、控制风险、循序渐进的思路，严格限制投资比例。一是控制持仓规模。基金持有的买入国债期货合约价值不得超过基金资产净值的15%，基金持有的卖出期货合约价值不得超过基金持有的债券总市值的30%。二是控制投资杠杆。规定基金持有的买入期货合约价值与有价证券市值之和不得超过基金资产净值的95%（普通开放式基金）或100%（ETF基金、完全被动的指数基金和封闭式基金）。三是限制日间回转交易。要求基金在任何交易日内交易（不包括平仓）的国债期货合约的成交金额不得超过上一交易日基金资产净值的30%。四是保持基金风格稳定。基金所持有的债券市值和国债期货合约价值合计应符合基金合同关于债券投资比例的有关约定，避免基金通过国债期货交易改变基金的风险收益特征。五是保持基金的流动性。开放式基金在扣除国债期货交易保证金后，还应保持不低于5%的现金，以应对赎回需要；封闭式基金在扣除国债期货合约保证金后，应保持不低于保证金一倍的现金，应对补充保证金的需要。

【政策影响】

1. 明确了基金管理公司参与国债期货交易的决策制度。要求基金管理公司根据公司自身的发展战略和总体规划，综合衡量现阶段的风险管理水平、技术系统和专业人员准备情况，审慎评估参与国债期货交易的能力，科学决策参与国债期货交易的广度和深度，并将相关投资决策流程和风险控制制度等报公司董事会批准。同时，考虑到我国目前的基金经理普遍缺乏期货投资的专业经验，要求建立国债期货交易决策部门或小组，并授权特定的管理人员负责国债期货的投资审批事项。

2. 引导基金管理公司和托管银行以审慎的态度对待基金参与国债期货交易的问题。要求基金管理公司和托管银行应充分了解国债期货的特点和各种风险，真正从保护基金份额持有人利益的角度出发，以审慎的态度对待基金参与国债期货交易的问题。同时，基金管理人和托管人应强化内部控制制度，完善风险管理系统，做好人员、制度、业务流程、技术系统等方面的培训和准备工作。同时要求基金管理人和托管人应当根据中国金融期货交易所的相关规定，确定基金参与国债期货交易的交易结算模式，明确交易执行、资金划拨、资金清算、会计核算、保证金存管等业务中的权利和义务，建立资金安全保障机制。要求基金托管人加强对基金参与国债期货交易的监督、核查和风险控制，切实保护基金份额持有人的合法权益。

3. 强化基金参与国债期货交易的信息披露工作，要求基金在季度报告、半年度报告、年度报告等定期报告和招募说明书（更新）等文件中披露国债期货交易情况，包括投资政策、持仓情况、损益情况、风险指标等，并充分揭示国债期货交易对基金总体风险的影响以及是否符合既定的投资政策和投资目标。

二、《基金从业人员证券投资管理指引（试行）》

【政策名称】

《基金从业人员证券投资管理指引（试行）》（中基协发〔2013〕32号），出台时间：2013年12月30日。

【出台背景】

《中华人民共和国证券投资基金法》（以下简称《基金法》）第十八条规定：“公开募集基金的基金管理人的董事、监事、高级管理人员和其他从业人员，其本人、配偶、利害关系人进行证券投资，应当事先向基金管理人申报，并不得与基金份额持有人发生利益冲突。公开募集基金的基金管理人应当建立前款规定人员进行证券投资的申报、登记、审查、处置等管理制度，并报国务院证券监督管理机构备案。”第三十五条规定：“本法第十五条、第十八条、第十九条的规定，适用于基金托管人的专门基金托管部门的高级管理人员和其他从业人员”。《指引》落实了《基金法》的相关规定，作出了从业人员个人证券投资的具体规范，同时满足了从业人员个人投资的诉求，具有重大的现实意义。

【政策解析】

（一）紧扣《基金法》的要求，落实和细化了法律基本规范

1.《指引》基于《基金法》的规定，将法律的基本规定和基金管理人的内部控制紧密联结，从基金管理人应当如何制定相关制度的角度，把《基金法》的要求转化为对基金管理人内控的要求，从而将原则性的法律规范和基金管理人具体建章立制联结在一起。

2.《指引》基于《基金法》的规定，将相关术语、规范进行了中肯的细化。例如，《指引》合理界定了《基金法》第十八条“利害关系人”这一术语的外延。根据《指引》，单纯的亲属关系或一般的利益往来都不足以构成相关方与从业人员间的利害关系，在经济来源上的依赖关系以及从业人员对投资账户/资金的控制才是判断“利害关系”的实质标准，这一认定标准符合实质重于形式的原则，符合《基金法》防范利益冲突的根本要求。

3.《指引》基于《基金法》防范利益冲突的立法意图，对从业人员证券投资管理的其他必要事项做了合理的补充。例如，《指引》第十三条、第十四条分别界定了基金管理人事前审查的时效性问题，并对从业人员投资证券后的持有期进行规范；第十八条又规定了基金管理人申报、审查等工作底稿的保存期限；第二十七条则要求基金管理人的子公司也须参照《指引》建立相关制度。这些问题

虽不在《基金法》第十八条的明文规定之内，但却是从事前、事中和事后防范、稽核利益冲突的应有之义，殊为必要。

（二）全面覆盖从业人员证券投资管理各个环节，形成了完整的规则体系

《基金法》对从业人员证券投资管理的要求虽仅有“申报、登记、审查、处置”寥寥八字，但内涵非常丰富。基金管理人必须建立覆盖从业人员投资全过程的制度，方能实现“防范利益冲突”的诉求。《指引》则充分体现了这一全面、完整性的要求。

1.《指引》第八条要求从业人员（包括新入职人员）本人、配偶和利害关系人必须登记身份信息及证券账户信息，为基金管理人事前或事后核查相关人员身份、交易情况提供了基础。

2.《指引》第九条要求从业人员本人、配偶和利害关系人必须在指定券商开户，这一事前的控制措施为基金管理人进行必要核实与查证提供了渠道，并且这一做法是全球成熟市场的惯常做法。

3.《指引》第十二条至第十四条强调从业人员本人、配偶和利害关系人的证券投资申报必须在投资前进行，经基金管理人批准后方可进行，同时还要求基金管理人建立前文所述的“批准时效制度”，这一事中的审查规范要求基金管理人须依据基金的最新投资计划与持仓情况判断与个人投资计划发生利益冲突的可能性。

4.《指引》第十五条规定了从业人员本人、配偶和利害关系人的定期报告制度，这一事后的报告要求使得基金管理人可以对相关人员经批准的投资进行事后稽核。

5. 对于违法违规行为，《指引》第十九条、第二十五条等条款亦做出了全面的处置规定。

（三）密切联系基金行业实际情况，具备较强的操作性

《指引》全文以基金管理人的制度建设为立足点，对从业人员个人证券投资管理的规定具备很强的操作性，为基金管理人建章立制奠定了良好的基础。

1.《指引》对于具有共性的问题做出了统一的具体规范。例如，利害关系人的范畴（第七条）、指定券商开户制度（第九条）、证券投资后的3个月持有期限（第十四条）、相关申报审查材料的20年保存期限（第十八条），以及基金管理人报备从业人员证券投资管理制度的时间要求（第二十六条）。这有利于在公募基金管理行业内，对于从业人员证券投资管理的申报标准、基本方式、与监管机构和自律组织对接等重大问题，形成彼此统一的体系。

2.《指引》就对于不同基金管理人实际情况可能存在差异的事项，允许基金管理人根据自身条件做出可行的规定。例如，根据参与基金投资管理的具体权限的差异化个人投资管理（第十一条）、投资申报的具体方式和内容（第十二条）、基金管理人批准的有效期（第十三条）、自行指定专门部门及岗位承担从业人员证券投资管理职责（第二十条）等，充分考虑了不同基金管理人基金投资管理体系、技术条件、基金投资风格、部门和人员配置的差异，有利于不同的基金管理人因地制宜地建立、修订其内部规章制度。

【政策影响】

基金托管人如何"参照"执行，仍待监管部门和行业协会的进一步明确。《基金法》第三十五条明确规定，基金托管人的专门基金托管部门的高级管理人员和其他从业人员受《基金法》第十八条的约束。但《指引》的相关条款均是针对基金管理人做出的，仅在第二十七条规定"基金托管人的专门基金托管部门、基金管理人的子公司对其从业人员证券投资行为的管理，参照本指引的规定执行"。基金托管人专门基金托管部门的相关工作职责、工作流程、管理架构与基金管理公司有显著的差别。因此，在目前的情况下，基金托管人的专门基金托管部门如何参照指引的规定执行，仍比较模糊，迫切需要监管部门和行业协会的进一步明确。

三、《非银行金融机构开展证券投资基金托管业务暂行规定》

【政策名称】

《非银行金融机构开展证券投资基金托管业务暂行规定》（证监会公告〔2013〕15号），出台时间：2013年3月15日。

【出台背景】

《中华人民共和国证券投资基金法》明确，"基金托管人由依法设立的商业银行或者其他金融机构担任"，允许非银行金融机构开展基金托管业务。为落实《中华人民共和国证券投资基金法》的修订精神，对非银行金融机构开展基金托管业务的有关问题予以规范明确，促进基金托管行业市场化竞争，进一步提升基金托管服务能力与水平，培育开放、包容、多元的基金托管市场，中国证监会公布了《暂行规定》。

【政策解析】

《暂行规定》共十九条，规定了非银行金融机构开展基金托管业务的准入条件、申请材料要求以及审核程序与方式等。

在准入条件与审核程序方面，在净资产指标、专门托管部门设置、系统配备、人员素质、制度建设等准入条件上，规定非银行金融机构与商业银行的要求相同，未提高准入标准。在风险控制方面，与商业银行要求资本充足率符合监管规定相对应，《暂行规定》要求非银行金融机构的风险指标应符合监管规定。在防范利益冲突方面，要求非银行金融机构不从事与托管业务潜在重大利益冲突的其他业务，切实保障托管职责的有效履行。

在基金托管职责履行、内控制度建设方面，要求非银行金融机构托管人与银行托管人一样，均应遵守《中华人民共和国证券投资基金法》、《证券投资基金托管业务管理办法》相关规定。

针对非银行金融机构的经营现状与业务特点，《暂行规定》从保护基金持有人角度出发，强调了资产独立、业务隔离、信息保密、从业人员管理、结算职责、风险准备金制度等方面的要求，同时，针对非银行金融机构无法存管基金现金资产的现实情况，对托管基金现金资产的存放管理、账户开立等问题进行了规范，并对监督管理和处罚方面进行了相应规定。

【政策影响】

从政策环境看，新的竞争者不断加入，以往法律、法规和市场上一般在选择托管人时都以是否具备“证券投资基金托管资格”作为先决条件，但这一从事资产托管业务的准入门槛正在迅速变化。可以预见，未来参与资产托管业务的各类竞争主体将会不断增加，以往由商业银行主导的资产托管业务市场格局必将发生更大变化。

从非银行金融机构开展基金托管业务的可行性看，证券公司等非银行金融机构具有人才、系统等开展基金托管业务所需的各项基本条件，具备履行基金托管人各项法定职责的能力。部分非银行金融机构已成功试点开展非基金资产托管业务，积累了一定的资产托管实践经验。另一方面，非银行金融机构开展基金托管业务，可以利用自身行业优势为基金财产及份额持有人提供差异化的托管增值服务，对促进基金行业的持续创新发展具有积极意义。

四、《公开募集证券投资基金风险准备金监督管理暂行办法》

【政策名称】

《公开募集证券投资基金风险准备金监督管理暂行办法》（证监会令〔第94号〕），出台时间：2013年9月24日。

【出台背景】

《中华人民共和国证券投资基金法》要求基金管理人、托管人从其收取的管理报酬、托管费中提取风险准备金，为落实基金法的相关要求，提升基金行业风险防范能力、保护公开募集基金份额持有人利益、促进基金行业持续稳定发展，中国证监会制定并公布了《公开募集证券投资基金风险准备金监督管理暂行办法》。

【政策解析】

《暂行办法》共分五章二十二条，主要内容包括：

一是明确了公募基金风险准备金制度的适用范围与指定用途。

二是建立了基金托管人的风险准备金管理制度，完善了基金管理人风险准备金的有关管理规定，适当增加了风险准备金可投资的低风险品种，明确了基金管理人与托管人风险准备金在账户开立、资金划转与使用等方面的制度安排。

三是确立了风险准备金存管银行对风险准备金的提取、管理与使用等情况进行日常监督的制度安排，确保基金管理人与托管人风险准备金合规运作，充分保障公募基金持有人的合法权益。

四是明确了对基金管理人、托管人建立完备的风险准备金管理制度，风险准备金存管银行制定完备规范的风险准备金专户监控管理规则的监管要求，并明确了基金管理人、托管人、风险准备金存管银行的各项信息披露和报告要求，明确了相关罚则，保证风险准备金制度落到实处。

【政策影响】

《暂行办法》对公募基金托管银行影响涉及：首次明确公募基金托管行需要计提风险准备金；风险准备金的用途；基金托管人风险准备金计提比例要求；对风险准备金账户的要求；风险准备金划付程序；风险准备金使用程序；风险准备金的投资运作；制度要求；报告要求等九个方面。《暂行办法》的出台与托管银行关系重大，涉及基金托管银行内部的财务管理、基金产品运营、稽核监察、投资监督等多个机构和岗位的工作，更涉及与银行内部支付结算等部门的协调沟通，在运作上有明确的时限要求，使得托管银行进一步完善内部管理体系。

五、《黄金交易型开放式证券投资基金暂行规定》

【政策名称】

《黄金交易型开放式证券投资基金暂行规定》（证监会公告〔2013〕6号），出台时间：2013年1月23日。

【出台背景】

黄金交易型开放式证券投资基金（简称黄金ETF）是指绝大部分基金财产以黄金为基础资产进行投资，紧密跟踪黄金价格，并在证券交易所上市的开放式基金。黄金ETF运作机制与股票ETF总体上类似，除实物黄金在交易、保管、交割、估值等方面有一定差异外，黄金ETF与股票ETF的区别主要在于标的指数从股票价格指数变为单一商品价格，成分股从一篮子股票组合变为单一实物商品。目前，世界主要金融市场如纽约、伦敦、巴黎、东京、香港地区等，均已推出了黄金ETF。为稳步开展黄金ETF相关工作，证券交易所、黄金交易所及基金管理公司等相关各方对黄金ETF进行了研究论证并做好了技术准备工作，在此基础上，证监会结合黄金ETF的产品方案公布了《黄金交易型开放式证券投资基金暂行规定》。

【政策解析】

《暂行规定》共九条，分别对黄金ETF的定义、投资范围、风险控制、相关主体责任、监管要求等内容进行了规范。

（一）黄金ETF的定义

黄金ETF是指将绝大部分基金财产投资于上海黄金交易所挂盘交易的黄金品种，紧密跟踪黄金价格，使用黄金品种组合或基金合同约定的方式进行申购赎回，并在证券交易所上市交易的开放式基金。

（二）投资范围

黄金ETF可以投资于上海黄金交易所挂盘交易的黄金现货合约，以及中国证监会允许基金投资的其他品种。其中，持有的黄金现货合约的价值不得低于基金资产的90%。黄金ETF连接基金财产中，目标ETF的比例不得低于基金资产净值的90%。

（三）风险控制

黄金ETF不得办理黄金实物的出、入库业务，保证金交易只能用于风险管理或提高资产配置效率。

（四）相关主体责任

基金管理公司应当与相关各方认真制订黄金ETF产品方案，明确认购、申购、赎回、上市交易、投资管理、估值核算、信息披露等环节的运作机制、业务流程和管理制度，做好相关技术准备，有效防范投资运作风险，确保基金平稳安全运行。上报募集申请材料前，产品方案应当经证券交易所、上海黄金交易所、证券登记结算机构等论证通过。

基金管理公司和托管银行应当根据相关规定，确定黄金ETF的资产保管、交易执行、清算交收、数据传送等业务中的权利和义务，建立资产安全保障机制。托管银行应当加强对黄金ETF的监督核查，切实保护基金持有人的合法权益。

（五）监管要求

规定黄金ETF的上市、交易、申购赎回、登记结算、投资运作应当遵守法律法规及证券交易所、上海黄金交易所、证券登记结算机构的相关规定。

【政策影响】

近年来，我国黄金市场实现了快速发展，市场上出现了大量黄金投资品种，如商业银行推出的纸黄金和实物金条、上海期货交易所推出的黄金期货等，特别是上海黄金交易所上市交易的黄金现货合约为推出黄金ETF创造了条件。

2010年，人民银行会同发改委、工信部、财政部、税务总局、证监会联合发布了《关于促进黄金市场发展的若干意见》，明确提出要切实加大创新力度，积极开发人民币报价的黄金产品，丰富交易品种，完善黄金市场体系，进一步深化市场功能，提高市场的规范性和开放性，形成多层次市场体系。在我国现有黄金投资渠道的基础上，黄金ETF进一步将黄金投资品种引入证券交易所具有积极意义：一是对于促进黄金市场发展，贯彻落实证监会、人民银行等六部委《关于促进黄金市场发展的若干意见》具有积极意义。二是使得广大投资者可以在证券市场买卖黄金，拓宽基金业发展空间，推动多层次资本市场建设。三是有利于增强证券经营机构服务投资者和实体经济的能力。

《暂行规定》将为黄金ETF的顺利推出奠定基础，也表明了监管机构对黄金ETF等对行业具有重大创新意义的产品秉持积极和支持的态度。《暂行规定》的发布使得黄金ETF产品开发和未来管理的相关各方，证券交易所、黄金交易所、基金管理公司、托管银行都有了相应的工作标准。对于托管银行而言，进一步丰富了资产托管业务的产品种类，顺应了资产管理行业发展的需要。

六、《资产管理机构开展公募证券投资基金管理业务暂行规定》

【政策名称】

《资产管理机构开展公募证券投资基金管理业务暂行规定》（证监会公告〔2013〕10号），出台时间：2013年2月18日。

【出台背景】

《中华人民共和国证券投资基金法》第十二条规定：公开募集基金的基金管理人，由基金管理公司或者经国务院证券监督管理机构按照规定核准的其他机构担任。该条修订已为除基金管理公司以外的其他机构参与公募基金业务预留了法律空间。为了规范符合条件的资产管理机构开展公开募集证券投资基金管理业务，维护基金份额持有人合法权益，促进基金行业和资本市场持续健康发展，中国证监会制定公布了《资产管理机构开展公募证券投资基金管理业务暂行规定》。

【政策解析】

《暂行规定》共十八条，主要规定了在中国境内依法设立的证券公司、保险资产管理公司以及专门从事非公开募集证券投资基金管理业务的资产管理机构（以下简称私募证券基金管理机构）这三类申请开展基金管理业务的资产管理机构应当具备的条件。

《暂行规定》进一步降低了可以开展公募基金业务的机构准入门槛，增加了股权投资管理机构和创业投资管理机构，取消了最近3年连续盈利的硬性指标。对各类机构的准入门槛也降低了，其中，证券公司准入门槛中增加了集合资产管理规模不低于20亿元的证券公司，取消净资本要求和分类评价级别要求；保险资产管理机构的准入门槛中取消了偿付能力要求，增加最近1个季度净资产规模不低于5亿元的要求；私募证券基金管理机构准入门槛中降低了资产管理规模规定，由最近3年均不低于30亿元降低为年均规模不低于20亿元。

在业务运营方面，中国证监会要求上述机构开展基金管理业务统一适用《中华人民共和国证券投资基金法》及配套法规的有关规定，针对这些机构的业务特点，从保护基金持有人合法权益的目的出发，《暂行规定》主要从业务独立、风险隔离、公平交易、利益冲突防范等方面提出了要求，并对监督管理和处罚方面进行了规定。

【政策影响】

《暂行规定》积极引导其他资产管理机构开展公募基金管理业务，能够丰富机构投资者队伍，完善市场结构，促进行业竞争，有力推动基金行业的进一步发展，是建立强大财富管理行业的一项重要举措。同时，允许有资产管理经验并具备一定管理规模的机构进入公募基金领域，可以为更多的基金持有人提供更好的理财服务。这些机构开展公募基金管理业务，遵循公募基金业务的监管要求，也是进行功能性监管的有益探索。

从2013年开始基金发行由事前审批改为事后报备，且基金管理公司牌照放宽，未来基金产品的规模将持续增长。《暂行规定》不利于基金管理公司的方面体现在，一批规模小、竞争力不强的基金管理公司可能无法生存、淘汰出局。而对证券公司，有可能会使现有的集合理财产品逐渐退出。对保险资产管理公司而言，其有开展公募基金业务的意愿。对于私募基金来说拥有了一个新的市场准入渠道，但是否开展此项业务有待观察。从托管银行角度讲，最主要还是建立健全履行托管人职能的各类体系，尽职履责做好托管人。

七、《关于修改〈证券公司集合资产管理业务实施细则〉的决定》

【政策名称】

《关于修改〈证券公司集合资产管理业务实施细则〉的决定》（证监会公告〔2013〕28号），出台时间：2013年6月26日。

【出台背景】

2013年6月1日起修订后的《中华人民共和国证券投资基金法》（以下简称新《基金法》）正式施行。其中对于公开募集基金（以下简称公募基金）以及非公开募集基金（以下简称非公募基金）做了详细的界定。而中国证监会于2012年10月18日公布并实施的《证券公司集合资产管理业务实施细则》（以下简称《实施细则》）中的相关条款与新《基金法》的规定相冲突，尤其是大集合资产管理计划。因此为确保证监会发布的该实施细则作为部门规章与上位法的一致性，同时进一步完善原《实施细则》的规定，证监会于2013年6月26日公布了《关于修改〈证券公司集合资产管理业务实施细则〉的决定》，对原《证券公司集合资产管理业务实施细则》进行了修订。

【政策解析】

新《基金法》较原基金法相比，其中一个较为显著的区别是将非公开募集基金纳入新《基金法》的调整范围之中。并按照参与人数、募集方式、信息披露、管理人资质等不同，对公开募集基金和非公开募集基金进行了严格区分。应该说这种规范的变化符合目前国际上的通用做法。由于公募基金面对非特定投资者进行募集，其投资者中很大一部分是中小投资者。而中小投资者与资产管理计划管理人相比在信息对称性、风险识别能力、风险承受能力、法律诉讼等方面处于弱势地位，因此在法律法规的制定上更为注重对投资者的保护。对公募基金在信息披露、投资限制、风险管理、外部监管等方面均有严格的约束。而相比较，对于非公募基金，其对投资者的定位是具有一定风险识别能力和风险承受能力的合格投资者，因此其投资较之公募基金更为注重自治原则，在风险控制、投资限制及监管上也不同于公募基金。故在新的《基金法》中也体现了这一立法思路。而为与新《基金法》相适应，证监会对2012年公布的《证券公司客户资产管理业务管理办法》以及《证券公司集合资产管理业务实施细则》作了相应调整，以明确相关的证券公司集合资产管理业务能够被纳入新《基金法》公募基金、非公募基金相关规定的调整，从而符合新《基金法》的立法思路。

具体条款解读如下：

（一）调整范围修改

由于新《基金法》正式施行后，证券公司投资者超过200人的集合资产管理计划将被定性为公募基金，被纳入新《基金法》调整，而不再适用《证券公司集合资产管理业务实施细则》。因此，本次修订删除了实施细则中对于投资者超过200人的大集合计划的相关规定。包括：

1. 删除《实施细则》中关于大集合双10%投资比例的限制规定。

2. 删除《实施细则》关于大集合投资范围的规定。

3. 删除《实施细则》关于大集合1亿元成立条件的规定。

4. 调整后的集合资产管理计划客户数量无论是否单笔委托金额

在300万元以上均不超过200人限制。

（二）投资者资质的要求

1. 投资者限定。将200人以上集合计划计划归为公募基金后，修订后的《证券公司客户资产管理业务管理办法》以及《证券公司集合资产管理业务实施细则》所规范的证券各类资产管理计划（包括证券公司集合资产管理计划、证券公司定向资产管理计划以及专项资产管理计划）均被定性为私募理财产品。因此对于证券公司集合资产管理计划的投资者由原来的“面向证券公司和代理推广机构的特定客户”改为“面向合格投资者”推广。

2. 合格投资者标准。《证券公司客户资产管理业务管理办法》以及《证券公司集合资产管理业务实施细则》进一步明确了合格投资者的标准，包括提到合格投资者是指具备相应风险识别能力和承担所投资集合资产管理计划风险能力且符合下列条件之一的单位和个人：（1）个人或者家庭金融资产合计不低于100万元人民币；（2）公司、企业等机构净资产不低于1 000万元人民币。依法设立并受监管的各类集合投资产品视为单一合格投资者。

3. 推广销售要求的调整。将“禁止通过电视、报刊、广播及其他公共媒体推广集合计划”，修改为“不得向合格投资者之外的单位和个人募集资金，不得通过报刊、电台、电视台、互联网等公众传播媒体或者讲座、报告会、分析会等方式向不特定对象宣传推介”。较之原细则更为严苛，除推广销售对象必须为合格投资者之外，近期以来通过讲座、报告会、分析会向不特定对象宣传推介的方式也被禁止。同时为了规范实际业务开展过程中管理人私下承诺保本的情况，增加了禁止通过签订保本保底补充协议等方式推广集合计划的规定。

（三） 投资范围调整

将证券公司集合资管计划的投资范围调整为与原《实施细则》限额特定资产管理计划相一致：“集合计划募集的资金可以投资中

国境内依法发行的股票、债券、股指期货、商品期货等证券期货交易所交易的投资品种；央行票据、短期融资券、中期票据、利率远期、利率互换等银行间市场交易的投资品种；证券投资基金、证券公司专项资产管理计划、商业银行理财计划、集合资金信托计划等金融监管部门批准或备案发行的金融产品；以及中国证监会认可的其他投资品种。”

（四）托管机构

将原实施细则中规定的“证券公司应当将集合计划资产交由负责客户交易结算资金存管的指定商业银行、中国证券登记结算有限责任公司或者中国证监会认可的证券公司等其他资产托管机构托管”调整为“证券公司应当将集合计划资产交由取得基金托管业务资格的资产托管机构托管”，将集合计划的资产托管人限定为具有基金托管业务资格的托管机构，从而与新《基金法》的调整范围相统一。

【政策影响】

作为新《基金法》实施后的配套政策，新修订的《证券公司集合资产管理业务实施细则》将超过200人的大集合统一归为公募基金，并归新《基金法》调整。同时将集合资产管理计划的投资者限定为合格投资者。这一系列调整有利于证券公司集合资产管理业务以及公募基金业务的规范，也有利于对于不同风险类别的金融产品进行功能性监管，从而为相关业务的规范化发展奠定了法规基础。而对证券公司而言则改变了其集合资产管理业务的业务结构，原来的大小集合资产管理计划被分别调整为公募基金和定性为私募理财产品的集合资产管理计划。对于前者则需证券公司作为管理人对新发产品进行调整以满足新《基金法》对于公募基金的各项要求；而对于后者则需要证券公司调整集合资产管理产品的定位，从而满足高净值投资者的需求，更适合证券公司推出更为灵活、规模更小，更具个性化的集合资产管理产品。而对于托管机构来说，由于新的

《实施细则》将集合计划的资产托管人限定为具有基金托管业务资格的托管机构，因此对具有基金托管业务资格的托管机构更有利，包括取得资格的证券公司。而从安全性的角度来看，这一限定也有利于集合资产管理计划托管的规范性以及安全性。

第二节　保险类法规

一、《养老保障管理业务管理暂行办法》

【政策名称】

《中国保监会关于印发〈养老保障管理业务管理暂行办法〉的通知》（保监会〔2013〕43号），出台时间：2013年5月6日。

【出台背景】

一是企事业单位对员工薪酬福利类资金管理的要求不断提高。当前国内企事业单位薪酬福利费用增加和福利结构多元化的趋势非常明确，很多企事业单位积累了较多延迟支付的薪酬福利类资金，选择专业机构对该类资金进行管理的需求益发迫切。二是建立企业年金的约束条件较多，更多企事业单位需要另一种类年金产品来实现职工补充养老保障方面的管理需求。

【政策解析】

1.《办法》明确由养老保险公司开展养老保障管理业务，客户群体可以是政府机关、企事业单位、社会团体及个人客户。特别是，面向个人客户开展养老保障管理业务意味着养老保险公司可以开发零售型养老保障产品向公众发售。

2.《办法》要求养老保险公司为养老保障管理业务建立独立的养老保障管理基金，遵循专户管理、账户隔离和单独核算的原则，确保养老保障管理基金独立于任何其他自然人、法人或其他组织的固有财产及其管理的其他财产。

3.《办法》要求养老保险管理基金实行第三方托管制度。养老保险公司应当委托独立的资产托管人并签订资产托管合同，明确约定各方的权利、义务和相关事宜，由托管人承担保管资产、开立账户、清算交割、资产估值、投资监督、数据核对、信息披露、支付等托管职责。资产托管人的资格、职责、选择等有关事项比照中国保监会资产托管的有关规定执行。

【政策影响】

《办法》的出台为养老保险公司开辟了一片新的业务领域，有利于做大养老保险公司的养老金业务规模，同时为资产托管机构带来了新的业务机会。

二、《中国保监会关于保险资金投资创业板上市公司股票等有关问题的通知》

【政策名称】

《中国保监会关于保险资金投资创业板上市公司股票等有关问题的通知》（保监发〔2014〕1号），出台时间：2014年1月7日。

【出台背景】

2012年以前，我国保险资金面临着投资渠道狭窄、资产配置失调和投资收益偏低的难题。2012年，保监会陆续颁布了《保险资金委托投资管理暂行办法》、《关于保险资金投资有关金融产品的通知》、《保险资金参与金融衍生品交易暂行办法》、《保险资金参与股指期货交易规定》等投资新政，为丰富保险资金投资品种、优化保险资产配置结构开拓了充足的渠道，从长远看有利于提高保险资金的投资收益率。因此，2012年成为保险资金全面资产管理的元年，在此背景下，保监会发布《中国保监会关于保险资金投资创业板上市公司股票等有关问题的通知》（以下简称《通知》），明确保险资金可以投资创业板上市公司股票。

【政策解析】

1.《通知》出台，进一步放开了保险资金运用的渠道。一是有利于促进保险业支持经济结构调整和转型升级，支持中小企业发展。二是有利于保险行业在严控风险的情况下，有效配置资产，提升投资收益。

2.《通知》规定，保险集团（控股）公司、保险公司直接投资创业板上市公司股票，应当具备股票投资能力；不具备股票投资能力的公司，可以采取委托投资管理模式，委托符合条件的投资管理机构（保险资产管理公司或其他专业管理机构）进行投资。拓宽创业板上市公司股票委托投资管理模式，是对《保险资金委托投资管理暂行办法》的延续，充分体现了市场化原则，长期来看有利于保险资金投资创业板股票的风险控制和投资收益的提升。

3.《通知》明确，保险投资创业板上市公司股票的账面余额纳入权益类资产统一计算比例。根据保监会最新颁布的《关于加强和改进保险资金运用比例监管的通知》，保险公司投资资产可以划分为流动性资产、固定收益类资产、权益类资产、不动产类资产和其他金融资产等五大类，其中，权益类资产投资不高于上季末总资产的30%。

【政策影响】

1. 放开保险资金投资创业板上市公司股票的渠道表明监管层希望引导更多的资金尤其是长线资金入市来提振市场信心。截至2013年末，保险资金运用余额超过8万亿元，如以权益类资产比例最高为30%计算，保险资金投资权益类资产最多可达2.4万亿元，而目前保险资金投资权益类资产的实际投资比例约为10%，存在巨大的额度空间。

2. 放开保险资金投资创业板上市公司股票，从业务运作上来看托管银行在托管业务系统中为保险托管资产设置相关的会计核算科目及投资监督参数即可，不需对估值核算系统和投资监督系统进行专门的研发升级。

第三节 中国证券登记结算有限责任公司法规

一、《中国证券登记结算有限责任公司证券账户管理规则》

【政策名称】

《中国证券登记结算有限责任公司证券账户管理规则》，出台时间：2013年4月1日。

【出台背景】

为落实《关于推进证券公司改革开放、创新发展的思路与措施》（证监办发〔2012〕67号）关于放开非现场开户的有关要求，实现证券账户开户方式和渠道的多样化，中国证券登记结算有限公司对《证券账户管理规则》相关条款进行了修订。

【政策解析】

中国证券登记结算有限公司对《证券账户管理规则》相关条款进行如下修改：

（一）删除《证券账户管理规则》2.7条第一款第（一）项中“开户代理机构不得通过互联网或远程联网终端方式，直接为投资者办理开户业务”的规定。

（二）在《证券账户管理规则》附则中增加一条作为8.2条，规定：“投资者采用非现场方式办理证券账户开立等账户业务的，本公司另行规定。”

【政策影响】

本次修订主要针对一般法人机构及个人投资者通过证券公司开立证券账户业务，取消了对上述投资者开立证券账户必须现场办理的限制，扩宽了开户渠道。就托管产品而言，其开立证券账户的具体规则仍参照中国结算上海分公司、深圳分公司发布的《特殊法人机构证券账户开户业务指南》等指导性文件，本次规则修订对托管业务影响不大。

但随着证券市场发展、金融制度创新和管理水平的提升，现行《证券账户管理规则》在一定程度上已不能满足业务发展的实际需要，因此中国结算于2014年1月发布了《中国证券登记结算有限责任公司证券账户管理规则（征求意见稿）》，拟从强化实名制、支持市场创新、突出规范性的原则出发，对规则进行全面修订，简化规则体系、建立多层次证券账户架构，实现投资者信息的集中存储与管理，统一沪、深市场账户业务规则，将对资产托管相关业务产生积极而深远的影响。

二、《关于商业银行理财产品开立证券账户有关事项的通知》

【政策名称】

《关于商业银行理财产品开立证券账户有关事项的通知》，出台时间：2013年12月23日。

【出台背景】

商业银行理财产品自2005年开办以来发展迅速，截至2013年年末银行理财余额突破10万亿元。一直以来，由于银行理财产品无法开立证券账户，银行理财产品配置债券资产主要投资于银行间市场，进入交易所市场则需通过券商资管、信托计划、基金子公司等通道方式。

【政策解析】

（一）关于商业银行理财产品证券账户开户

根据通知规定，商业银行理财产品开立证券账户由资产托管人办理。每一个商业银行理财产品可以在沪、深市场各开立一个证券账户，商业银行理财产品开立证券账户的名称为“商业银行名称—理财产品名称”。

（二）关于商业银行理财产品证券账户投资范围

根据通知规定，商业银行理财产品在开户时应出具承诺函，承诺所开立的证券账户仅用于参与证券交易所标准化债券、信贷资产支持证券、优先股等固定收益类产品的投资，不得用于法律、行政法规、部门规章禁止或限制的证券投资行为。

【政策影响】

《通知》发布后，银行理财产品可直接进入交易所市场，可节省通道费用，有利于降低理财资金运营成本。但按照单只银行理财产品开立证券账户的规定，需要理财产品在到期时通过交易来变现资产，这将对短期理财产品的资产配置带来一定的挑战。

商业银行理财产品的证券账户仅用于参与交易所标准化债券、信贷资产支持证券、优先股等固定收益类产品的投资。《通知》实施后，通过理财产品的投资，银行间和交易所两大债券市场将被进一步打通。优先股、交易所逆回购等固定收益工具将进一步丰富理财产品的投资渠道。

三、《中国证券登记结算有限责任公司国债期货交割登记结算业务实施办法》

【政策名称】

《中国证券登记结算有限责任公司国债期货交割登记结算业务实施办法》，出台时间：2013年9月18日。

【出台背景】

随着国债期货业务的再次推出，各类资产管理业务投资范围进一步拓宽。为了规范国债期货交割相关登记结算业务，防范登记结算风险，中国证券登记结算有限公司出台该项实施办法，明确相关交收规则，确保国债期货业务顺利交割。

【政策解析】

1. 第一条内容：明确了发布本项实施办法的背景原因。

2. 第二条内容：明确了本项实施办法的业务范围，适用于办理与中国金融期货交易所股份有限公司（以下简称中金所）组织的国债期货交割有关的登记结算业务。

3. 第三条内容“中金所可以向本公司申请开立国债期货交收专用证券账户和国债期货交收专用资金账户”。明确了交收的账户问题，需在中国结算开立专用账户进行交割，确保交易资金和债券安全性。

4. 第四条内容：明确了开立账户时所需的详细资料，投资人可根据该条准备相关资料。

5. 第五条内容：对于国债期货交收专用证券账户内记录的证券，本公司在出具证券持有人名册时，将以“中国金融期货交易所股份有限公司国债期货交收专用证券账户”作为证券持有人列示。

对于期货业务而言，在未进行实物交割时，国债期货持有人并未实际获得债券所有权，因此将其单独列出。该条措施针对期货业务的特点进行了特殊处理，方便查阅。

6. 第六条内容“本公司根据中金所的证券划转指令，按照以下顺序逐笔办理证券划转手续……”

该条措施明确规定了在交割正常或未能正常履行交割义务时国债的交收流程，各交易方能明确了解债券的流向。

【政策影响】

国债期货是一种金融期货，是一种高级的金融衍生工具。国债期货的推出，是我国多层次资本市场建设取得的重要成果。作为我国第一个场内利率衍生品，国债期货的上市标志着我国期货衍生品市场进入了一个新的发展阶段。

从交易方式来看，国债期货具有不同于现货交易的特点：国债期货交易不涉及债券的所有权转移，只是转移与这种所有权有关的价格变化的风险；国债期货交易必须在指定的交易所进行；所有的国债期货合同都是标准化合同，实行保证金交易，是一种杠杆交易；国债期货交易实行无负债的每日结算制度，一般较少发生实物交割现象。此次实施办法的推出，明确了相关交收程序，从后台营运方面保障各方券款顺利交割。

第四节　其他有关法规

一、《关于扩大企业年金基金投资范围的通知》

【政策名称】

《关于扩大企业年金基金投资范围的通知》（人社部发〔2013〕23号），出台时间：2013年3月19日。

【出台背景】

2004年原劳动和社会保障部颁布了《企业年金试行办法》和《企业年金基金管理试行办法》等企业年金制度建设的法律法规，用制度形式规定了企业年金市场化运作方式。为了更加适应国内经济的发展和企业年金市场的变化，2011年1月11日，人力资源和社会保障部、银监会、证监会、保监会审议通过新修订的《企业年金基金管理办法》（人力资源和社会保障部第11号令，以下简称11号令），并于2011年5月1日起正式实施。11号令规定了企业年金基金的投资范围，明确了企业年金基金财产限于境内投资，投资范围包括银行存款、国债、中央银行票据、债券回购、万能保险产品、投资连结保险产品、证券投资基金、股票，以及信用等级在投资级以上的金融债、企业（公司）债、可转换债（含分离交易可转换债）、短期融资券和中期票据等金融产品。11号令的规定使投资品种增加了万能保险产品、投资连结保险产品、短期融资券和中期票据等金融产品，对投资比例的限制也进一步放开。

在企业年金的投资运作中，无论委托人还是投资管理人都希望进一步扩大企业年金的投资范围。2012年10月，《关于保险资金投资有关金融产品的通知》等保险资金投资范围扩大的各类政策相继出台，进一步加快了企业年金扩大投资范围政策的出台。为促进企业年金市场健康发展，实现企业年金基金资产保值增值，2013年3月

22日，人力资源和社会保障部、银监会、证监会和保监会联合下发了《关于扩大企业年金基金投资范围的通知》，在11号令规定的基础上，扩大了企业年金基金投资范围，并做了详细说明。

【政策解析】

（一）投资范围扩大

企业年金基金的投资范围在11号令第四十七条规定的金融产品之外，增加了商业银行理财产品、信托产品、基础设施债权投资计划、特定资产管理计划、股指期货。

（二）投资比例要求

企业年金基金资产以投资组合为单位，按照公允价值计算，应当符合如下规定：

投资银行活期存款、一年期以内定期存款、央行票据、债券回购、货币市场基金、货币型养老金产品的比例，合计不得低于投资组合委托投资资产净值的5%。

投资一年期以上定期存款、协议存款、国债、金融债、企业债、可转债、短期融资券、中期票据、万能保险产品、商业银行理财产品、信托产品、基础设施债权投资计划、特定资产管理计划、债券基金、投资连结保险产品、固定收益型养老金产品、混合型养老金产品的比例，合计不得高于投资组合委托投资资产净值的135%。债券正回购的资金余额在每个交易日均不得高于投资组合委托投资资产净值的40%。

投资股票、股票基金、混合基金、投资连结保险产品、股票型养老金产品的比例，合计不得高于投资组合委托投资资产净值的30%。

（三）单个投资组合限制

单个投资组合委托投资资产，投资商业银行理财产品、信托产品、基础设施债权投资计划、特定资产管理计划的比例，合计不得高于投资组合委托投资资产净值的30%。其中，投资信托产品的比例，不得高于投资组合委托投资资产净值的10%。

专门投资组合可以不受此限制。专门投资组合是指将80%以上非现金资产投资于商业银行理财产品、信托产品、基础设施债权计划投资计划、特定资产管理计划或者商业银行理财产品型、信托产品型、基础设施债权投资计划型、特定资产管理计划型养老金产品中的一类产品而专门设立的投资组合。

专门投资组合归属于固定收益类组合，不得投资于股票基金、混合基金、投资连结保险产品（股票投资比例高于30%）、二级市场股票、股指期货及股票型养老金产品等权益类品种；可投资股票一级市场，且应当在上市流通后10个交易日卖出。

（四）企业年金基金可投资的商业银行理财产品、信托产品、基础设施债权投资计划的发行主体的规定

具有“企业年金基金管理机构资格”的商业银行、信托公司、保险资产管理公司、企业年金基金管理机构的控股子公司，可以作为商业银行理财产品、信托产品、基础设施债权投资计划的发行主体。

发行商业银行理财产品、信托产品、基础设施债权投资计划的大型企业或者其控股子公司（已经建立企业年金基金）。大型企业自身或者其控股子公司的企业年金基金，投资于该企业或者其控股子公司发行的商业银行理财产品、信托产品、基础设施债权投资计划，投资事项应当事前由该企业向人力资源和社会保障部备案。

（五）企业年金基金可投资的商业银行理财产品、信托产品、基础设施债权投资计划、特定资产管理计划产品应当符合的规定

企业年金基金投资品种所涉及的评级机构为银监会、证监会、保监会分别认定的对其发行产品具有评估资格的机构。

企业年金基金可投资的特定资产管理计划产品，不得投资于商品期货及金融衍生品（股指期货除外）。

【政策影响】

《通知》的出台扩大了企业年金基金的投资范围，给年金市场格局带来新的变化，对企业年金的发展，尤其是对企业年金的投资，具有重要的意义。

企业年金基金投资范围放开为提高企业年金基金稳定收益率提供了政策上的支持，也有利于提高第二养老支柱的作用。过去由于投资范围上的限制，企业年金基金收益率并不高，这也导致了中小企业建立年金的意愿降低。企业年金基金投资范围放开，在一定程度上缓解了中小企业的这种顾虑，可以促进中小企业建立企业年金的积极性，有助于扩大未来企业年金的规模，增强养老产业第二支柱的作用。

企业年金基金投资范围放开进一步推动了年金制度的完善，有利于企业年金的市场化运作，对未来职业年金的发展也将提供借鉴，对我国社保体系的建设具有积极的意义。

与此同时，23号文的出台对企业年金基金投资管理人的要求也更高了，尤其是识别风险能力、信用风险管理能力等，对投资管理人而言，既是机遇也是挑战。

二、《关于企业年金养老产品有关问题的通知》

【政策名称】

《关于企业年金养老产品有关问题的通知》（人社部发〔2013〕24号），出台时间：2013年3月19日。

【出台背景】

一直以来，我国的企业年金基金是由受托人发起、面向客户建立，一个计划至少包含一个投资组合，造成市场上企业年金基金投资组合众多，单个投资组合资金规模偏小，管理及运营效率较低。

《通知》规定投企业年金基金投资管理人以标准组合形式面向

企业年金基金发行养老金产品，完善了现行企业年金计划下设立多个投资组合分别投资运营的模式，有利于投资管理人降低成本，提高投资效率和收益，新政实施，进一步推动了养老金投资运营的市场化、标准化和多元化，将给企业年金市场格局带来新变化。

【政策解析】

（一）产品定义和投资范围

养老金产品，是由投资管理人发行的、面向企业年金基金定向销售的企业年金基金标准投资组合。这一由投资管理人发行，受托人或投资管理人选择购买，将多个年金组合或计划的资产集合起来的“后端集合”，与受托人发起的“前端集合”相比，在投资运营模式上更加灵活。

养老金产品仅限于境内投资，投资范围与《关于扩大企业年金基金投资范围的通知》（人社部发〔2013〕23号）一致，在传统的投资品种的基础上，新增商业银行理财产品、信托产品、基础设施债权投资计划、特定资产管理计划、股指期货等金融产品。

（二）产品类型及投资比例

养老金产品包括股票型、混合型、固定收益型、货币型4个传统类型，以及名称中明示投资方向的固定收益型产品的特定投资型等5个类型，其中，商业银行理财产品型、信托产品型、基础设施债权投资计划型养老金产品，可以投资于建立企业年金计划的大型企业或者其控股子公司发行的商业银行理财产品、信托产品、基础设施债权投资计划。

同时，24号文对单个企业年金基金、单个投资组合，以及单只养老金产品资产投资各种金融产品的比例，做了明确的规定。

（三）产品发行

1. 备案核准。养老金产品实行备案核准制，人力资源和社会保障部对备案通过的养老金产品给予产品登记号。

2. 账户开立。产品发行后，托管人以所托管养老金产品的名义在其营业机构开立银行托管账户。

3. 产品销售。投资管理人面向企业年金基金或者企业年金基金投资组合（养老金产品投资人）定向销售养老金产品。

4. 产品费用。养老金产品费用主要包括：投资管理费、托管费，以及其他相关费用（包括证券交易费用、资金划拨手续费及账户开户费等）。

5. 产品变更。养老金产品可以变更的四种情形为：一是养老金产品名称变更；二是养老金产品管理费率调高；三是养老金产品投资政策变更；四是备案材料的其他主要内容变更。

6. 产品终止。养老金产品经投资管理人与托管人协商一致决定终止或人力资源和社会保障部按照规定决定终止的，自取得人力资源和社会保障部出具的同意或者决定终止函之日起终止。

（四）投资养老金产品

企业年金基金投资组合资产、企业年金基金资产均可投资养老金产品。规模较小投资组合及企业年金基金，应优先考虑将投资组合及计划资产全部投资于养老金产品。

（五）产品运营中各管理人职责及业务监管

《通知》对养老金产品运营中涉及的角色包括投资管理人、托管人、法人受托机构、注册登记人的职责做出具体规定。

（六）业务监管

《通知》规定人力资源和社会保障部作为产品的监管部门，对于违反行政法规和相关规定的投管人、托管人，将根据第11号令规定进行处罚。

【政策影响】

（一）有利于提高企业年金基金管理效率，避免因造成市场上投资组合众多，单个组合资金规模偏小，管理及运营效率较低。客户根据自身情况选择的集约化运营模式，可有效减少中小投资组合数量，提高单一投资组合规模。

（二）产品业绩直观，便于客户进行资产配置和选择。投资管理人在指定网站及其各自公司官网上定期披露养老金产品及其整体收益率情况，便于客户选择历史业绩优秀的产品和投资管理人。企业年金的投资从之前的直接投资于二级市场，转变为可通过购买养老金产品参与投资，降低了中小企业的建立企业年金基金资金运营的成本，也使得以往因规模过小而被挡在银行间债券市场门槛之外的单一组合，通过购买养老金产品分享到大组合的投资机会。

（三）有助于企业年金投资转换投资管理人。作为标准组合的养老金产品，一般都开放申赎，转换投资管理人的过程方便，受托人或年金投资组合管理人可以根据产品收益、养老金产品投资管理人历史业绩等公开信息进行抉择，迅速完成转换，企业未来向职工提供产品个人选择权也埋下了伏笔。

（四）有助于进一步拓展养老金市场的发展空间。随着养老金产品逐步推向市场，未来的竞争将主要体现在客户对产品选择方面。基础业绩良好、投资收益明显的产品会脱颖而出，从而形成“马太效应”。这将使养老金产品资金募集规模不断扩大，加快养老金投资化、专业化、多元化运作的步伐，给养老金业务领域带来新的生机。

三、《关于企业年金职业年金个人所得税有关问题的通知》

【政策名称】

《关于企业年金职业年金个人所得税有关问题的通知》（财税〔2013〕103号），出台时间：2013年12月6日。

【出台背景】

《财政部、国家税务总局关于补充养老保险费补充医疗保险费有关企业所得税政策问题的通知》（财税〔2009〕第27号）规定：自2008年1月1日起，企业根据国家有关政策规定，为在本企业任职或者受雇的全体员工支付的补充养老保险费、补充医疗保险费，分别在不超过职工工资总额5%标准内的部分，在计算应纳税所得额时准予扣除；超过的部分，不予扣除。即，企业年金的企业缴费部分可按不超过上年度职工工资总额5%的标准在企业所得税前扣除。2009年12月10日，国家税务总局出台了《关于企业年金个人所得税征收管理有关问题的通知》（国税函〔2009〕694号），对企业年金个人所得税的处理给予了明确，对比企业年金较成熟的工业化国家，我国企业年金税收优惠明显较低，纳税模式比较传统，难以发挥激励作用。

企业年金是我国社会保障体系的重要组成部分，其同基本养老保险、个人储蓄养老保险共同构成目前多层次的企业养老保险制度，国家一直对企业建立年金采取鼓励态度。在各方的呼吁下，为促进我国多层次养老保险体系的发展，进一步加速企业年金职业年金的发展，财政部、人力资源和社会保障部、国家税务总局根据《个人所得税法》相关规定，出台了本通知，自2014年1月1日起实施企业年金、职业年金个人所得税递延纳税优惠政策。

【政策解析】

（一）《通知》确定中国企业年金税收模式为EET模式（E代表免税，T代表征税）。即指在年金缴费环节和年金基金投资收益环节暂不征收个人所得税，将纳税义务递延到个人实际领取年金的环节。EET模式是西方发达国家对企业年金普遍采用的一种税收优惠模式。

对于投资环节的免税，文件规定：年金基金投资运营收益分配计入个人账户时，个人暂不缴纳个人所得税。

（二）《通知》鼓励分期领取，体现企业年金作为退休后长期保障的制度意义和根本作用。对单位和个人在《通知》实施之前开始缴付年金缴费，个人在《通知》实施之后领取年金的，允许其从领取的年金中减除在《通知》实施之前缴付的年金单位缴费和个人缴费且已经缴纳个人所得税的部分，就其余额按前述有关个人领取的规定征税。

在个人分期领取年金的情况下，可按《通知》实施之前缴付的年金缴费金额占全部缴费金额的百分比减计当期的应纳税所得额。减计后的余额，按前述有关个人领取的规定，计算缴纳个人所得税每期应纳税所得额。

（三）关于代扣代缴义务人。《通知》规定：由受托人代表委托人委托托管人代扣代缴。年金账户管理人应及时向托管人提供个人年金缴费及对应的个人所得税纳税明细。托管人根据受托人指令及账户管理人提供的资料，按照规定计算扣缴个人当期领取年金待遇的应纳税款，并向托管人所在地主管税务机关申报解缴。

（四）关于企业报备要求。建立企业年金基金的单位应于建立企业年金基金的次月15日内，向其所在地主管税务机关报送年金方案、人力资源和社会保障部门出具的方案备案函、计划确认函以及主管税务机关要求报送的其他相关资料。年金方案、受托人、托管人发生变化的，应于发生变化的次月15日内重新向其主管税务机关报送上述资料。

【政策影响】

此次出台企业年金、职业年金个人所得税递延纳税政策，是在研究借鉴发达国家通行做法的基础上，结合我国实际对年金个人所得税政策体系的完善，企业及职工的缴费积极性得到提高，必将对促进企业年金的发展起到积极的作用。

该政策的出台同时传递了发展职业年金的政策信号。《通知》明确提及职业年金，是为事业单位养老金制度改革、建立职业年金进行的一次重要的制度改进，为全国事业单位乃至公务员养老金的改革奠定了一个重要补充的制度。

由于企业年金的运作时间跨度长，涉及管理机构多，在具体执行《通知》的过程中，还有待于政府进一步出台实施细则。

四、《关于扩大投资范围后新增投资产品估值核算的指导意见（试行）》

【政策名称】

《关于扩大投资范围后新增投资产品估值核算的指导意见（试行）》（人社监司便函〔2014〕5号），出台时间：2014年1月20日。

【出台背景】

根据《关于扩大企业年金基金投资范围的通知》（人力资源和社会保障部发〔2013〕23号）和《关于企业年金养老金产品有关问题的通知》（人力资源和社会保障部发〔2013〕24号）的规定，企业年金基金投资范围在第11号令第四十七条规定的金融产品之外，增加商业银行理财产品、信托产品、基础设施债权投资计划、特定资产管理计划、股指期货和企业年金养老金产品。为保证行业内进行相关估值核算时认定统一、处理规范，人力资源和社会保障部制定了《关于扩大投资范围后新增投资产品估值核算的指导意见（试行）》（以下简称《指导意见》），以规范商业银行理财产品、信托产品、基础设施债权投资计划、特定资产管理计划和企业年金养老金产品中涉及的估值核算原则、方法和会计处理，健全投资运行机制。

【政策解析】

（一）《指导意见》明确企业年金基金或企业年金养老金产品所投资的商业银行理财产品、信托产品、基础设施债权投资计划、特定资产管理计划均属固定收益类产品。

（二）《指导意见》明确产品存在公允价值的，按照以公允价值计量且其变动计入当期损益进行处理。

（三）《指导意见》明确产品不存在公允价值，或者公允价值不便从产品发行方连续、容易获得，以及公允价值反映的估值精度达不到估值要求的，采用按产品合同规定的收益率计提利息的办法处理，并需符合谨慎性、权责发生制、实质重于形式的原则。

【政策影响】

《关于扩大企业年金基金投资范围的通知》（人社部发〔2013〕23号）和《关于企业年金养老金产品有关问题的通知》（人社部发〔2013〕24号）发布以后，在相当长一段时间内，对于新增投资品种行业内没有统一的估值方法，给各企业年金基金管理机构带来很大困扰。《指导意见》明确规定了企业年金基金各类新增投资品种的估值方法，统一了企业年金基金各管理机构的会计核算办法，为整个行业的顺利发展指明了方向。

五、《关于规范商业银行理财业务投资运作有关问题的通知》

【政策名称】

《关于规范商业银行理财业务投资运作有关问题的通知》（银监发〔2013〕8号），出台时间：2013年3月25日。

【出台背景】

近年来，商业银行理财资金直接或通过非银行金融机构、资产交易平台等间接投资于非标准化债权资产（以下简称非标债权资产）业务增长趋势明显，一些商业银行在业务开展过程中存在规避贷款管理、未及时隔离投资风险等问题，为进一步规范商业银行理财业务投资运作，尤其是非标债权资产投资和理财产品资金池运作，有效防范和控制商业银行理财业务风险，促进商业银行理财业务持续健康发展，银监会2013年3月25日发文《关于规范商业银行理财业务投资运作有关问题的通知》。

【政策解析】

（一）界定非标债权资产

《通知》对非标债权资产进行了定义，即包括但不限于信贷资产、信托贷款、委托债权、承兑汇票、信用证、应收账款、各类受

（收）益权、带回购条款的股权性融资等未在银行间市场及证券交易所市场交易的债权性资产。这一定义把所有不在银行间以及交易所交易的资产均归为非标债权资产，基本把基金、券商、信托、产权类交易所挂牌的各类产品都纳入了监管范围当中，涵盖面非常广泛。

（二）要求商业银行实现每个理财产品与所投资资产一一对应

《通知》要求商业银行应实现每个理财产品与所投资资产（标的物）的对应，做到每个产品单独管理、建账和核算，明确提出了商业银行在对每个理财产品进行独立投资管理的同时，还需为每个理财产品单独建立投资明细账，确保投资资产逐项清晰明确，并且对每个理财产品单独进行会计账务处理，确保每个理财产品都有资产负债表、利润表、现金流量表等财务报表，并要求对本通知发出之前没有达到要求的非标债权资产进行追溯。上述“资金来源运用一一对应原则”及“三个单独”的具体化要求，意在规范目前商业银行理财产品资金池运作模式，提升理财产品投资透明度，强化非标债权资产业务的风险控制和防范，促进商业银行理财产品管理模式的逐步转变，引导商业银行理财市场规范发展。

（三）非标债权资产的投资规模管控

《通知》规定商业银行理财资金投资非标债权资产的余额在任何时点均以理财产品余额的35%与商业银行上一年度审计报告披露总资产的4%之间孰低者为上限，这一量化规定要求商业银行应合理控制理财资金投资非标债权资产的规模，以防止规模快速扩张引发系统风险和操作风险，控制商业银行在理财业务方面的风险敞口，延续了监管机构规范、监管理财产品以令其能够长期健康发展的思路。限额管理投资非标债权旨在将投资者保护与提升银行金融服务水平两者相结合，在保护投资者的同时，促使银行在完善风险评估的过程中逐步提高资产配置管理水平。

（四）规范信息披露和投资的流程管理

《通知》第三条要求商业银行应向理财产品投资人充分披露投

资非标债权资产情况，通过进一步规范理财产品信息披露，商业银行目前较多采用通过久期以及风险溢价错配，模糊理财产品投资方向的操作策略将受到一定制约，同时投资者将能获得更加清晰、透明的产品信息，有利于投资者根据自身的投资经验和风险承受能力进行产品的选择。

《通知》第四条规定商业银行应比照自营贷款管理流程，对非标债权资产投资进行投前尽职调查、风险审查和投后风险管理，自营贷款作为商业银行的核心主营业务之一，各商业银行都有高度完整、严谨的自营贷款操作流程，《通知》这一要求将促使银行对理财产品非标债权资产投资进行更为严格的审核和管理。

（五）禁止商业银行进行担保或回购、加强代销代理业务的审核及实施合作机构名单制管理等

《通知》规定商业银行不得为非标债权资产或股权性资产融资提供任何直接或间接、显性或隐性的担保或回购承诺，要求商业银行对理财合作机构需实行名单制管理，明确必须由商业银行总行负责对“商业银行代销代理其他机构发行的产品投资于非标债权资产或股权性资产的业务”的审核批准。上述措施的实施旨在限制商业银行为非标债权资产融资提供隐性增信和担保的行为，防范商业银行表外业务风险向表内业务的传递和转移，对同业通道业务起到了间接的抑制作用。

【政策影响】

《通知》新规的实施给商业银行理财加了一道“防火墙”，投资者面对的商业银行理财市场和理财产品会更加透明，在更好地保护广大投资者利益的同时，将同步促使商业银行加快理财业务转型，产品风险与收益率的对应关系更加清晰，产品投资期限进一步分散化，逐渐改变商业银行当前这种依托其他机构变相放贷的理财模式，而真正回归银行理财的代客理财本质。

《通知》新规无论对于商业银行理财产品一一对应的要求，还

是非标债权资产上限的设定，从动态来看，将对银行理财增量业务的短期发展带来挑战，非标债权资产作为银行理财产品资产端的高收益资产，比例受限会给理财产品较高预期收益率的获取带来比较大的压力，产品吸引力的降低将给新增理财产品募集带来一定的困难。

《通知》新规的出台更是此前一系列监管规定的延续，从规范信贷类银信合作业务到融资类银信合作业务再到非标债权资产业务，势必对未来的金融创新路径产生深远的影响。《通知》实施的目的不在于抑制银行理财业务的发展，而是在约束无序扩张的基础上改变其过分追求通道业务的本质，有效提升银行资产管理能力。《通知》新规实施后，通道式影子银行规模逐渐收窄，未来的创新重点可能会重回标准化工具的轨道，对于商业银行而言，意味着不仅需要理财业务规范，更需要基于资产管理的机构创新与整合，资产证券化产品的创新或许会成为新的发展方向。

六、《人民币合格境外机构投资者境内证券投资试点办法》

【政策名称】

《人民币合格境外机构投资者境内证券投资试点办法》（中国证监会、中国人民银行、国家外汇管理局令第90号），出台时间：2013年3月1日。

【出台背景】

2011年末人民币合格境外机构投资者试点推出后，运作情况良好，对促进人民币国际化、扩大资本市场对外开放、支持国内证券机构拓展境外业务发挥了积极作用。境外投资者看好中国经济增长前景和中国资本市场的投资机会，对RQFII债券和ETF 产品认购踊跃。许多境外养老金、保险资金等长期投资机构仍有巨大投资需求。 为进一步扩大资本市场开放，支持香港地区国际金融中心地位，促进香港地区离岸人民币市场发展，证监会与人民银行、外汇局等有关部门决定修改RQFII相关法规，扩大RQFII试点，放宽投资范围。

【政策解析】

（一）扩大试点机构类型。RQFII试点初期参与机构仅限于基金管理公司、证券公司的香港子公司。中资银行、保险公司等中资机构在香港分支机构及香港地区本地金融机构均有参与RQFII业务的较强意愿。此次修改RQFII法规后，境内商业银行、保险公司等香港子公司或注册地及主要经营地在香港地区的金融机构将可以参与试点。未来RQFII试点还将扩展到其他区域，也将参照本法规执行。

（二）放宽投资范围限制。RQFII试点初期只能发行债券类产品或A股ETF产品，虽然有利于控制风险，但难以满足投资者的差异化需求。修改后的法规放宽了对RQFII的资产配置限制，允许机构根据市场情况自主决定产品类型，这将极大地丰富RQFII产品类型，提高境外机构投资意愿。

（三）法规修订后明确了RQFII投资范围和持股比例等相关要求，简化了申请文件，便利试点机构的投资运作。

【政策影响】

境外投资者对中国资本市场的投资需求强烈，资金汇入速度明显加快，持股比例明显上升。RQFII法规的修订适应了资本市场对外开放和人民币国际化的需要，不断扩大试点规模，吸引更多境外长期资金，促进资本市场改革开放和稳定发展。

七、《合格境内机构投资者境外证券投资外汇管理规定》

【政策名称】

《合格境内机构投资者境外证券投资外汇管理规定》（国家外汇管理局公告〔2013〕第1号），出台时间：2013年8月21日。

【政策解析】

《规定》主要内容包括：一是取消资金汇出入币种限制，扩大境内机构境外证券投资资金来源；二是取消结汇、购汇审核，简化额度申请材料；三是统一额度管理要求，对各类合格机构境外证券投资统一实行余额管理，即境外证券投资净汇出额不超过已批准可投资额度；四是强化统计监测，充分运用电子化信息手段，加强对证券投资额度项下跨境资金流出入的统计工作和事后监控，防范跨境资金流动风险。

【政策影响】

《规定》的实施，有利于促进合格境内机构境外证券投资便利化，更好地满足境内机构和个人境外证券投资的需求。同时，允许人民币直接汇出将促进跨境人民币结算业务的发展，提升人民币在全球经济中的影响力，增强我国在国际投资领域的话语权，提升了我国资本项目下的对外开放水平。另一方面，我国监管机构加强了对跨境资金汇出入的管理节奏与水平、提高了监管的有效性，以防范国际热钱利用跨境套利对我国经济的负面影响。

第五章　托管产品与系统创新

伴随我国“大资管”时代的到来、资产托管机制持续纵深发展，推动国内资产托管行业在产品、服务和系统持续创新，资产托管业务不断由金融现货市场向期货衍生市场渗透，由金融托管领域向商事民事市场延伸，由国内托管向跨境托管发展。2013年，我国资产托管行业呈现出纷繁多元、日新月异、生机蓬勃的发展态势。

第一节　托管产品和服务创新

2013年，我国资产托管行业的产品与服务创新呈现三大主线：一是互联网金融发展所引发基金销售渠道的创新；二是围绕各类金融资产管理机构创新所带来各类金融资产管理托管产品和服务的创新，尤以基金、保险和养老金创新为亮点；三是以客户资金保管为核心的各类民事与商事托管产品和服务创新风起云涌。

一、证券基金托管产品与服务

2013年，我国证券投资基金托管领域围绕基金销售平台、发起与交易方式、投资范围与标的、收益与支付方式出现众多的创新。

（一）基金销售平台创新

2013年货币基金托管最大创新在于基金管理公司大力拓展淘宝、微信等互联网平台，作为第三方销售渠道销售货币基金。中信银行携手天弘基金管理公司和余额宝，推动和解决产品申报、流程设计、T+0快速赎回、轧差清算等诸多问题，推出天弘增利宝货币市场基金，聚集庞大互联网客户和互联网支付资金，成为目前国内规模最大的公募证券投资基金。将互联网平台整合为基金第三方销售平台，引发了互联网金融模式创新革命，引领电商理财大浪潮，成为2013年金融界和互联网金融发展的里程碑事件，中信银行成为“电商基金托管第一家”。

继余额宝后，其他互联网平台也积极发展互联网金融业务，其中中国工商银行分别与华夏基金管理公司、易方达基金管理公司合作推出华夏财富宝货币基金和易方达易理财货币基金，通过微信平台推广，成为2013年互联网金融又一标志性事件。中国建设银行与易方达基金管理公司推出了仅在淘宝销售的“易方达淘宝聚赢分级债券基金”，与新华基金管理公司推出了仅在微信销售的“新华壹诺宝货币市场基金”。中国银行与嘉实基金管理公司推出的嘉实1个月理财债券型基金针对互联网理财客户，将投资起点设定1元，借助团购商业模式，借力互联网强大的客户资源和普及率，实现货币基金规模跨越式发展。上海浦东发展银行积极与汇添富基金管理公司开发了基于电商平台销售的“添添富”系列专项资产管理产品。

（二）基金发起或交易方式创新

1. 交易型基金。中国建设银行分别与华宝兴业及银华基金管理公司针对场内闲置证券保证金，联合相继推出交易型货币基金，实现货币基金与股票投资者场内资金实现T+0无缝衔接，为场内投资者提供兼顾流动性、收益性、安全性的保证金管理工具。

2. 发起式基金。2012年中国工商银行与天弘基金管理公司合作推出第一只发起式基金——天弘债券发起式基金，2013年中国建设银行与华商基金管理公司联合推出了国内首只偏股型发起式基金——华商价值共享混合型发起式基金，成为发起式基金中发起资金最多的一只，体现了公司与投资者风险共担。

3. 场内实时申赎货币基金。2012年底，中国工商银行与汇添富基金合作推出了第一只场内货币基金——汇添富收益快线；2013年上海证券交易所、中国证券登记结算公司、嘉实基金管理公司与北京银行共同研发实现货币基金申购与赎回T+0，为储蓄资金与资本市场搭建直接桥梁，为投资者提供了效率更高的现金管理工具。

4. 基金运作期转型托管基金。中国银行与华安基金推出滚动运作期由“双月滚动”转为“单月滚动——华安双月鑫短期理财债券型基金的”，成为基金继产品转型（封转开）、运作模式转型（指数基金转型ETF联接基金）、非市场转型（非沪深300标的指数基金转为沪深300标的指数基金）后，通过市场驱动实现基金运作期转型，实现基金规模扩大，满足投资者短期理财需求。

（三）基金投资标的与空间创新

1. 行业系列ETF。中国建设银行与华夏基金管理公司联合推出跟踪上证金融、上证医药、上证消费、上证材料和上证能源5个指数的首个行业系列ETF。中国工商银行与汇添富基金管理公司合作中证能源ETF、中证金融地产ETF、中证医药ETF等行业系列ETF，为有行业判断能力、但缺乏个股选择能力的投资者提供简单易行投资工具，让投资者实现低成本、多元化的行业组合投资，实现高效而迅速的行业配置。

2. 黄金ETF。中国工商银行、中国建设银行分别与国泰基金管理公司、华安基金管理公司推出市场首批黄金ETF，实现我国黄金市场与证券市场的互联互通，成为金融市场“跨监管、跨系统、跨品种”创新试点产品。

3. 债券ETF。中国建设银行与国泰基金管理公司联合推出上证5年期国债ETF及其联接基金，中国工商银行与博时基金管理公司联合推出企债30ETF，中国银行与嘉实基金管理公司联合推出嘉实中证金边中期国债指数ETF及其联接基金等，满足个人和机构客户的债券短期交易及套期保值的投资需求，打通了交易所市场和银行间市场，为国债市场创造了放大机制和做空机制。

4. 多资产指数基金。中国建设银行与银华、国联安基金管理公司分别推广多资产指数产品——银华中证成长股债恒定组合30/70指数基金、国联安股债动态指数基金，将股票、债券、现金以及商品等多类资产同时编入同一指数，在不降低投资组合收益的前提下为投资者提供风险及成本更低的指数化投资工具，能够获得较高的风险调整后收益，尤其适合养老金、储蓄理财等资金长期持有。

5. 跨时区跨国ETF。中国建设银行与国泰基金管理公司联合推出国内首只跨时区跨国ETF基金——国泰纳斯达克100ETF，成为投资者投资美股的直接工具，较QDII基金具有更高流动性、更低成本、更直观交易优势。

（四）基金收益或支付方式创新

1. 目标触发式清盘基金。中国工商银行与融通基金管理公司合作推出市场第一只触发式基金——融通通泽一年目标触发式灵活配置混合型基金。中国建设银行、中国农业银行分别与融通基金管理公司联合推广出融通通祥混合型基金和融通通源混合型基金。该类基金追求绝对回报，一旦达到目标收益或到期将自动清盘，通过自动清盘机制的设置，帮助投资者控制风险，实现绝对回报。

2. 定期支付基金。中国建设银行分别与交银施罗德基金管理公司、博时基金管理公司与信诚基金管理公司，推出月月定期支付——交银施罗德定期支付月月丰债券基金、双月定期支付——博时双月薪定期支付债券基金、季季支付——信诚季季定期支付债券基金，中国银行与信诚基金管理公司联合推出了信诚月月支付债券基金，给予投资者稳定的现金流预期，可以满足投资者的日常现金支出需求，是养老投资、子女教育等长期理财规划的理想投资品种。

3. 浮动管理收费模式。中国工商银行与诺安基金管理公司、华安基金管理公司分别合作推出诺安稳固收益一年定期开放债券基金、华安年年红定期开放式基金；中国农业银行与富国基金管理公司推出富国目标收益一年期纯债基金；中国建设银行分别与富国基金管理公司、中欧基金管理公司推出浮动管理收费基金，将基金管理公司和投资者利益紧密捆绑，有利于优秀管理能力的基金管理公司脱颖而出。

4. 新高法收费模式。中国银行携手嘉实基金管理公司推出的嘉实绝对收益策略定期开放混合型发起式基金，首创公募基金“新高法”收费模式，即当净值出现新高才能收取附加管理费，并成为国内首只对冲公募基金，为客户提供投资与股市涨跌无关的绝对收益投资工具。

（五）基金专户（子公司）托管产品与服务创新

2013年，基金专户业务创新取得长足发展。中国农业银行等托管银行与相关基金管理公司协同，对托管系统和业务营运进行开发，多款投资于融资融券业务的基金专户产品，为管理提供更多投资策略选择，满足投资者对金融衍生品投资需求。交通银行托管的国投瑞银稳定添利专户产品于国债期货回归首日实现入场交易。该产品投资标的实现股票、债券、股指期货、商品期货、国债期货全覆盖。基金管理公司子公司作为监管机构批准设立的新资产管理主体，属于全新类别的托管目标客户，其资产管理产品种类丰富，托管需求多样。各家托管银行结合本行业务优势，针对基金子公司需求进行相关产品和服务研发，如兴业银行与嘉实基金管理公司联手，推出基金专项计划——嘉实资本盛世美澜园专项资产管理计划，与融通、中信证券合作推出唯一获批的基金专户质押回购托管产品——融通、中信证券通润4号特定多个客户资产管理计划等，有效地拓展专项资产管理计划托管业务。

二、非证券基金托管产品与服务

2013年各基金（如保险资产、客户资金、养老金、衍生产品、跨境）托管产品与服务创新，或受政策推动，或受市场对方的业务需求带动、托管机制得以延伸，出现一片欣欣向荣的创新发展景象。

（一）保险资产托管产品创新

2013年保险资产管理业务领域在政策助推下不断拓展：保险公

司重启保险资产管理产品发行，允许保险资产管理公司发行单一类和集合类的资产管理产品，允许保险资产管理公司发行公募基金，保险业首家基金管理公司国寿安保基金管理公司成立，保险公募基金等跨领域产品的发行，使得保险资产托管业务外延不断扩展，客户和产品的边界不断重合和延伸，保险资产管理混业竞争时代正式来临。

1. 保险项目资产支持计划托管。保险新政放宽保险资金在债权投资、股权投资、不动产投资、债权计划投资领域，允许保险集团（控股）公司、保险公司提供资金给保险资产管理公司，设立项目支持投资计划投资资产证券化，交通银行、上海浦东发展银行等托管银行为该业务提供保管产品资产、监督产品投资、复核产品净值、披露托管信息、参与产品资产清算等托管服务。该项业务有助提高保险资金收益，增加项目方长期稳定资金来源，通过保险资管公司参与，推动我国资产证券化发展。

2. 向保险公司提供券商特殊机构结算服务。根据保监会《关于保险机构投资证券交易问题的通知》，保险机构参与交易所证券交易，可以租用券商交易单元，也可以参与特殊机构客户模式试点。中国建设银行与多家中小保险机构开展特殊机构客户模式运营方式，保险公司采用特殊机构客户身份进行证券交易，可节约可观成本，托管行不再直接与交易所执行头寸交割，而采用银证转账方式进行。

3. 以托管平台连接保险资金与实体经济。中国建设银行、交通银行依靠商业银行经营优势，深入挖掘银行客户项目资源，利用托管平台向保险资产管理公司推荐投资项目，联合保险资产管理公司为客户设计保险资金融资方案，匹配客户融资需求和保险公司获取优质投资项目需求，同时提供资产托管、独立监督、项目评估与管理、造价咨询等一揽子综合金融服务，从而将保险资金与实体经济有效连接，成为商业银行支持实体经济发展的新途径。

4. 保险资产管理产品托管。2013年2月，保监会发布《关于保险资产管理公司开展资产管理产品业务试点有关问题的通知》，保险资产管理产品重新开闸。交通银行积极研究保险资产管理新政，创新设计保险资产管理产品托管方案，联合泰康资产管理公司和太平洋资产管理公司推出多只不同类型保险资产管理产品，占当年新发保险资产管理产品一半，成为市场上托管该类产品最多的托管银行。

5. 保险公司委托投资资产管理业务托管。根据保监会《保险资金委托投资管理暂行办法》，保险资金迎来基金管理公司、券商等投资管理新军，为保险资金管理引入竞争机制，能够提高保险资金投资收益率和保险资产管理公司投资管理能力。中国建设银行、交通银行积极参与保险资金多元化委托投资管理业务，先后为多家保险公司委托基金管理公司或券商投资管理设计托管方案。

（二）券商资产管理托管产品与服务创新

中国工商银行在券商资产管理托管业务领域取得了一些新的突破。一是成功获得业内首单券商公募基金托管。与东方证券合作了新动力、产业升级两只公募基金托管业务，目前新动力基金已募集完毕实现托管，产业升级基金等待发行中。二是积极探索企业资产证券化业务创新，推动专项计划托管业务发展。紧跟政策导向与市场需求，开展了淮北铁路收益权、邦信小贷、枋湖片区旧村改造收益权等一系列专项计划托管业务。三是实现银证合作模式的创新。通过系统开发、流程制定等措施助推该行理财资金通过券商通道实施投资，托管了票据、债券及项目融资等产品，使得银证合作产品由定向扩展至集合计划，形成银证信合作的结构安排。

交通银行在证券交易所、中国证券登记结算公司发布股票质押式回购交易及结算登记业务试行办法后，与华泰证券推出主要投资于股票质押式回购的集合产品；与证券公司开展了基于福费廷、融资融券、黄金期货基础上的券商理财业务的研究，制定了相关业务流程，部分产品已平稳上线运行。

兴业银行与部分证券公司在券商集合及特定资产理财业务进行一系列的创新探索，如兴业银行与国泰君安证券公司共同推出业内第一只参与股票质押回购业务托管产品——国泰君安君享汇创一号限额特定集合资产管理计划，推出业内首创的超级账户定向计划；将小规模券商定向计划通过系统批处理、标准化运作；与东方证券公司推出阿里小贷类信贷资产证券化产品，成为业内首单类信贷资产证券化产品，引起了广泛关注。

（三）养老金托管产品与服务创新

1. 薪酬福利计划保管。交通银行、中国建设银行以托管为中心环节，综合账户管理、投资管理、咨询等综合金融服务，联合相关金融机构为有激励员工需求的企事业单位定制不同类型的薪酬福利计划，帮助其实现管理层激励、人才留用等人力资源战略。目前开发的薪酬福利计划包含信托型、保险型、理财型、保管型和专户理财型等一系列能满足不同企业事业客户需求的品种。

2. 企业年金养老金产品托管。2013年，中国工商银行、中国建设银行、交通银行和上海浦东发展银行经人力资源和社会保障部备案，相继开展企业年金养老托管产品创新，研发和推出“后端集合”的养老金产品，即设立多个投资组合采取标准组合集中运营，在法人受托人为主发行“前端集合”基础上，增加投资管理人为主发行的“后端集合”养老金产品管理模式，投资于银行存款、国债、中央银行票据、债券回购、证券投资基金、商业银行理财产品、信托产品、基础设施债权投资计划、特定资产管理计划，以及信用等级在投资级以上的金融债、企业（公司）债、短期融资券和中期票据等金融产品。“后端集合”养老金产品有利于实现企业年金养老金投资的标准化、规范化和便捷化，有助于提高企业年金基金投资效率、合理配置资源、控制运营风险、促进企业年金市场健康发展。

（四）衍生领域托管产品与服务创新

1. 国债期货资产管理托管。2013年9月国债期货正式在我国金融期货交易所上市交易，中国光大银行与财通基金联手推出财通基金光大银行耀之1号资产管理计划推出后，以国债期货作为对冲工具进行套期保值、基差交易、跨期套利的新型资产管理产品应运而生。该产品不仅丰富了托管银行的产品线，而且提升托管银行对于衍生对冲类资产估值的专业能力和托管系统服务于衍生期货市场的技术功能。

2. 股指期货量化对冲托管。中国建设银行、上海银行根据对冲基金产品特点，优化托管信息系统功能，开发了股指期货量化对冲托管产品，满足对冲基金高频交易和对行情数据响应速度的需求，并为对冲基金提供行政服务咨询等配套服务，支持对冲基金发展。

（五）客户交易资金托管与服务创新

1. 客户融入资金监管。为满足监管机构及企业对融入资金监管和管理的要求，2013年，部分国内托管银行根据企业客户的需要，提供客户融入资金托管服务，即托管银行接受客户委托，按照法律法规规定和合同约定，履行安全保管客户资金、办理资金划拨、资金使用情况监管、对账及信息报告等全部或部分职责。如果融入资金对接的是托管银行项目，该项托管服务有助于降低企业融资违约风险。如北京银行开展中小企业私募债募集资金及偿债保障金监管业务，通过与企业签订监管协议，对企业募集账户资金使用逐笔审核，确保资金按募集规定用途使用，该类托管服务在中小企业私募债募集资金监管发挥重要作用。

2. 公共资源交易资金托管。中国工商银行通过其安心账户托管系统与公共资源交易中心交易系统对接，在国有土地拍卖、政府集中采购等的招投标过程中，接受公共资源管理部门的委托，开立专户保管投标企业缴纳的投标保证金，如房地产开发商缴纳的土地拍卖保证金，协助公共资源交易中心管理保证金，清晰核算每个投标企业的资金本息，按公共资源交易中心的指令划拨保证金，协助财政部门、公共资源管理部门规范公共资源交易行为，解决资金分户管理问题，实现本息明细核算，保障交易参与方合法权益。

3. 融资性担保公司资金保管。交通银行根据部分省市融资性担保业务监管部门的明确要求，接受担保公司的委托，根据保管协议的约定，为担保公司资本金、营运资金和担保公司收取的客户担保保证金等资金提供账户管理、资金监督等服务，实现专户管理，专款专用，为担保公司合规运作和快速发展保驾护航。

4. 客户专项资金保管。上海银行依据中国银行业协会颁布的《商业银行客户资金托管业务指引》，推出覆盖商品买卖资金、股权收购资金、债权转让资金、交易所中小企业私募债、信托推介销售资金、信托贷款资金、券商计划委贷资金、商务楼收购资金、客户押金、融资租赁资金、保障房拆迁补偿资金等客户专项资金保管，客户指定用途的资金开立保管账户，并按合同约定履行资金收付、保管、监督和信息披露等职责。北京银行根据上市公司股权场外协议转让需求，推出了股权协议转让交易资金保管业务。

5. 住房公共维修基金托管。中国工商银行通过安心账户托管系统，建立多级账户体系并配发银行卡，接受小区业主委员会或物业管理公司委托，开立专门托管账户保管业主缴纳的公共维修基金，按照协议约定的用途监督维修基金用途，确保专款专用，向业主等当事人披露资金使用，有效解决住房公共维修基金账户繁多、查询流程复杂、信息披露不规范等问题，防止资金挪用，保障业主权益。

（六）跨境托管产品与服务创新

1. 托管QDLP（合格境内有限合伙人）。交通银行作为上海金融办QDLP创新制度方案设计参与行，托管首家QDLP-X海外投资基金合伙企业（2014年4月正式上线），成功为其开立QDLP基金的申购、赎回、资金保管账户，托管业务规模数千万美元。此举标志着上海市QDLP业务正式启动，凸显交通银行参与上海国际金融中心建设创新与领先能力。北京银行依据北京市《关于本市开展股权投资基金及其管理企业做好利用外资工作试点的暂行办法》等文件规定，作为获准办理QDLP托管业务的试点银行，托管了北京市首只QDLP。中国工商银行作为QDLP的试点银行，与上海等多家QDLP机构达成托管合作意向，为QDLP提供账户开立、资产保管、外汇交易及汇兑、货币转换及跨境汇款、资金划拨收付、投资监督、报表报告等全方位全流程托管服务。托管机制使得托管人承担货币转换、资金清算汇划、闲置资金保值增值、会计核算等工作，QDLP基金投资信息汇总、传递更加及时、完整和准确，提升投资和监管效率，更好地体现资金所有权、使用权和监督权三权分立、独立运作又相互制衡，更好地保障资金境外投资运作安全。

2. 股票质押式回购交易托管服务。中国工商银行针对托管的集合计划、定向资产等产品参与股票质押式回购交易，建立了专门的核算科目，制定了核算办法，开发升级了业务系统，为近10只股票质押式回购投资产品提供该项服务，有效解决运作中的核算、估值等问题，实现了该类交易的自动化处理。中国建设银行积极配合参与股票质押式回购交易的仿真测试，完善托管业务系统，为部分托管产品能够迅速开展此类交易奠定了坚实的基础。上海浦东发展银行重视股票质押式回购业务交易结构优化，与国泰君安合作开发了“稳发一号”结构化分级股票质押式回购集合资产管理计划。

3. 境内资金海外投资托管。上海银行通过帮助投资机构设计海外基金模式、确定投资架构、协调监管审批，快速购汇划付，并依托香港分行为客户一站式解决境外开户及收付汇等事项，完成了首单境内股权投资基金境外投资服务。上海银行的境内资金海外投资托管服务，为境内人民币股权投资基金投资、并购海外企业提供了有效路径，而完整的服务方案，高效、便捷的服务流程，提高了境内资金开展境外投资的效率。

4. 跨境绩效评估服务。为适应大型机构投资客户进行跨境投资后，对其委托资产的投资管理和管理人行为的后评价的需求，中国银行根据美国投资管理与研究协会发布的业绩揭示准则，集合多类型海外投资客户需求，吸收全球托管同业先进经验，提供对跨市场、跨时区、多币种、多类别的投资资产绩效和风险分析服务，对保险资产、QDII和QFII基金、社保基金等机构投资者提供跨境投资组合的业绩评估和风险分析，提高了我国托管服务国际水平。

（七）其他托管产品与服务创新

1. 租赁资金托管。借助托管平台，交通银行将租赁资金作为交易资金一种形态，在租赁资金划付至承租人指定账户后，监督其按合同约定安排资金用途，在租金回款过程中，协助提供信息核对、定期催收等服务，缓解租赁客户的资金运用管理压力。

2. 家庭财富传承信托托管。继去年平安信托成立了国内第一单家族信托，2013年招商银行与北京对外贸易信托公司联手推出国内首单私人银行家族财富传承信托——招商银行外贸信托福字×号财富传承财产信托计划，北京银行与北京国际信托有限公司推出了北京信托——家业恒昌系列资金信托计划，针对超高净值客户及其家庭成员提供涵盖信托、股权、不动产、境内外投资、财富管理、融资、传承、风险管理、税务与资产隔离等专业服务，将托管机制引入家族财富传承，推动私人银行业务从顾问式销售向全权委托式的资产管理业务转变。

3. 单用途商业预付卡预收资金存管。中国工商银行、中国民生银行、上海浦东发展银行、中国邮政储蓄银行等托管研发并开办单用途预付卡预收资金存管业务，对从事零售业、住宿和餐饮业、居民服务业等企业法人发行的，仅限于在本企业或本企业所属集团或同一品牌特许经营体系内兑付货物或服务的预付凭证的预收资金提供存管监督服务，有助于规范预付凭证资金管理，并通过对接托管银行现金管理工具，提高存管账户资金的收益。

4. 互联网金融产品销售监督。当2013年10月广发银行等部分托管银行成为腾讯财付通、苏宁易付宝等基金销售支付结算机构的监督银行之后，这些监督银行对于腾讯财付通、苏宁易付宝等基金销售支付结算机构开立与使用销售账户的行为、基金销售支付结算资金的划转流程进行监督。由于监督银行支付归集总账户与托管银行托管账户为同家银行系统，可避免跨行资金调拨，提升资金清算效率，辅助互联网货币基金实现资金快速划拨。

5. 借助新平台承接城商行理财托管。中国民生银行以其发起的亚洲金融合作联盟（以下简称亚盟）作为平台，托管联盟内部的中小商行理财产品，以及其理财资产对接信托、券商资管、保险计划、基金专户产品等。

三、外包服务

我国基金业经过十几年发展，基金管理公司和托管银行的分工越来越细化，基金管理公司更加注重提升投资能力和产品创新等核心竞争力，新的《中华人民共和国证券投资基金法》第一百零二条、《证券投资基金管理公司管理办法》第五十九条，允许基金管理人可以委托基金服务机构代为办理基金的份额登记、核算、估值、投资顾问等外包业务，为托管人承接投资管理人的中后台业务外包奠定法律基础。

外包业务即服务承接机构接受基金管理公司、资产管理公司委托，提供会计核算、资产估值、注册登记、信息披露等金融服务的业务。外包业务的开办，使得外包服务机构运用自身丰富的专业营运服务、完备的风控机制和功能强大系统平台的优势，开辟除传统托管业务之外的新业务领域和利润来源，并为承接其他类资产管理机构的外包业务积累经验。外包业务有利于降低资产管理机构的整体运作成本，提升资产管理机构投资研究与管理的核心竞争力，并为托管机构提供新的业务市场。外包业务已成为全球托管机构重要的业务和收益来源之一。

2013年10月，中国工商银行签约开展专户会计核算估值外包试点，2013年末签约提供TA业绩报酬计算外包服务试点。经过制度、系统及人员充分准备，在外包业务与托管业务之间建立了“四个独立＋一个保密”的防火墙机制，并完成向银监会和证监会报备之工作，成为国内首家开展基金外包业务的托管银行。中国建设银行于2013年6月至10月期间，完成了外包业务系统自测和与基金公司系统的联测工作。招商银行等托管机构，也在积极准备拓展该项业务市场。

第二节　托管系统与业务流程创新

作为典型技术密集型和规模取胜的资产托管行业，托管系统平台成为托管产品与服务创新、业务发展的重要支撑，也是各托管机构核心竞争力体现。2013年各家托管机构都在持续加大对托管业务系统的建设，进一步完善托管业务系统功能，提升服务支持、业务流程优化、营运效率和运作安全性。

一、托管系统创新

（一）完善托管业务系统功能

1. 持续完善自主开发托管业务系统。2013年，中国工商银行、招商银行等根据中登结算保证金制度变更、证监会股票行业分类标准调整等政策变化，适应各类托管创新产品（如商品期货、国债期货、创新类ETF）业务规则变化需求，持续不断地加强对自主开发的托管业务系统的功能开发和完善工作，大大地提升了托管银行自主开发的托管业务系统功能和服务支持水平。

2. 由外购托管业务系统转变为自主开发托管业务系统。2013年10月，中国建设银行新一代核心系统托管应用一期（清算）上线，全面替换原有托管资金清算系统；该系统是中国建设银行自主研发的系统，以实现托管业务资金清算支付业务参数化、灵活化、处理流程化和自动化为目标，实现了全流程、直通式资金支付管理，支持短信、邮件、传真多种交互通道，支持快速响应新产品、新规则，在实现风险管控的同时极大地提升了托管资金支付处理效率。

3. 开发银行理财业务托管系统。根据银监会8号文对银行代客户理财托管业务提出“单独建账、单独核算”的要求，2013年国内托管银行纷纷开发相关的银行理财托管系统，对银行理财非标业务采用标准化的核算估值方法，规范银行理财产品投资场外交易数据提供格式，与有条件的管理人建立数据连接通道，明确每笔投资业务所归属的理财产品，确保每个理财产品均能出具投资明细账，保护投资者利益，有效防范和控制银行代客理财托管业务风险。

4. 托管系统加入国债期货系统功能模块。为适应托管产品参与国债期货的交易，北京银行等托管银行根据国债期货交易和估值核算的特殊性，将国债期货系统模块引入托管系统，将托管机制由现货领域延伸至期货领域，为国债期货对冲策略创新型托管产品提供系统支持。

5. 根据政策和产品变化完善托管系统功能。中国农业银行依托行内新一代核心银行系统平台，自主研发了交易与专项资金托管业务系统。以客户服务为中心，以产品集合平台为支撑，建设更加丰富灵活的产品服务创新体系，通过与行内系统对接，实现了各类交易与专项资金托管产品的分级管理，降低了业务操作风险，提高了业务处理效率，保障了客户利益。

（二）提高托管业务系统运作效率

1. 加快与核心系统直联提高清算效率。托管营运效率与成本是衡量托管服务的主要指标，而托管系统与核心业务系统直接实行数据不落地共享和自动处理，是提高托管系统运行效率的重要保障。2013年，国内许多商业银行都在托管系统直联建设进行较大投入，通过托管系统直联，搭建统一数据平台，实现资金清算、会计核算、交易监督等模块数据共享，将托管系统与银行核心业务系统的公共支付、计费、查询等模块对接，减少托管资金清算环节，提高托管资金自动划转，在实现风险管控的同时极大地提升了托管资金支付处理效率。

2. 构建以“交易”为核心的托管清算系统平台。上海浦东发展银行2013年实现了由产品为核心的清算方式向按市场，清算模式、交收账户、交易类型进行清算转换，解决以“产品核算”与以“托管人法人清算”之间的清算、结算矛盾。在业务数据管理上引入数据模式理念，实现业务数据分类和分层管理；在业务清算中引入分层分步清算模式，提高系统容错处理能力和直通率；在资金清算路径管理上引入“账户模型”，即用账户模型解释托管业务账户结算路径及账户发生额、余额的关系，从账户形态、账户性质、账户用途等多个维护对账户进行交叉分类管理，实现以账户为索引的账户台账存储，实现全流程STP处理，降低风险及单位运营成本。

3. 加快托管系统与中债登系统直联。继2012年中国银行首度实现与中债登直联之后，首批托管银行通过网络专线，将托管平台系统与中债登平台连接，实现托管银行与中债登直通式处理，托管银行将原有客户端方式频繁登录、查询或下载操作，转由托管平台系统按中债登系统推送信息自动触发处理，极大地提高银行间债券结算自动化程度，有助于推动上清所直联，提高银行间市场结算效率。

4. 增设功能以提高托管系统对账效率。中国光大银行在托管系统与核心业务直联的基础上，开发了一系列的功能模块，提高系统对账的自动化和效率：一是“托管账户实时对账”模块，通过选择产品类型、营运分行等选项，点击“托管账户实时对账”后，系统会将选中的托管账户余额与银行核心系统进行余额比对，将差额不为零显示给业务人员处理。二是在核心系统建立“4801银企对账单查询维护”交易，每月初通过调用该交易，将上月末托管系统与核心系统对账相符的账户，更换其回收和对账标志，实现银企自动对账。三是托管费收入查询与统计功能，核心系统每日将托管费收入账户的流水明细发送至托管系统，自动与托管系统中托管费收入指令进行匹配和确认，经确认的托管费收入相关信息（收取日期、托管费收入金额、账号、托管项目）作为统计的基础数据，保证每笔托管费收入追溯至托管项目。

二、托管系统安全管理创新

随着托管规模快速增长和范围延伸，托管银行系统原有同城数据与系统备份、辅以异地数据备份等容灾体系已难以满足托管业务对于灾备系统实时性、连续性、安全性的运行要求，上海浦东发展银行托管系统的异地灾备体系采用“两地双中心”的布局方式，通过使用“网关切换”、“SDRF数据复制”等关键技术，辅以与生产系统匹配的高性能设备，实现了生产环境和灾备环境数据双向高速、稳定的数据同步。

三、托管业务流程持续优化

托管业务流程直接影响到托管营运的成本与效率，许多托管银行根据本身的业务组织模式持续不断进行托管业务流程优化工作，如中国工商银行在借鉴国际托管银行营运模式的基础上，将现有业务流程重新拆解划分为指令处理、公司行动、资金清算、核算估值和证券结算五个模块，改变原有“按产品线构建营运团队，按照模块设置营运团队和岗位职责，重新构建托管业务系统，将风险控制措施嵌入业务处理模块，实现模块处理的标准化和风险控制的系统化，最大限度地实现业务的集中化处理，减少业务对人员依赖度，提高人员专业分工和营运效率，降低操作风险。中国建设银行以新一代信息系统建设为契机，贯彻全流程、直通化的设计思路，建立了集约化的托管业务处理模式，完成了托管清算流程再造。新一代托管系统一期上线后，指令处理实现了流水线式作业、程序化管理；业务数据和外部资讯数据实现了自动解析和数据共享，沪深场内交易清算数据拆分质量与效率大大提高。新的业务流程顺应大规模运营要求，释放了大批人力资源，为中国建设银行托管服务的集约化、业务分工的专业化奠定了基础。

四、托管业务风险管理体系持续完善

风险控制是资产托管业务发展的基础。交通银行托管业务以“流程为本、程序至上”，建立完善了内嵌式的风险管控机制，将风险管理小中台建设作为重要载体，实行全条线，全链条风险管理，从产品开发、市场准入、合同审查等营销上线的准备工作，到清算、核算、投资监督等实际业务运作，风险管理已镶嵌入托管业务涉及的所有环节，建立了资产托管业务静态管理、动态管理和电子化手段“三位一体”的风险管理体系，严密控制业务风险。

第六章 托管银行业务特点

第一节 中国工商银行

2013年，中国工商银行严格履行法律法规赋予托管人的职责，安全保管资产，做好高效营运服务，重点推进托管业务营运流程改造，提升业务处理效率和客户服务水平。同时，准确把握市场机遇与政策变化，加快推进产品和服务创新，巩固市场领先地位。

一、经营管理实现新跨越

2013年末，中国工商银行托管资产总规模达到4.62万亿元，同比增长16.84%，连续15年位居国内同业首位。中国工商银行稳步推进全球托管三大区域中心建设，工银亚洲顺利获得香港证监会公募产品信托服务准入，在香港市场正式获得托管银行牌照，工银金融和工银欧洲托管中心建设工作进展顺利。全年中国工商银行凭借优异的市场表现和境内外广大客户的高度认可，获得《全球托管人》、《环球金融》、《财资》、《亚洲投资者》、《银行家》等境内外权威财经媒体颁发的7项“年度最佳托管银行”大奖，累计获奖达41项，品牌影响力持续提升。

二、市场营销赢得新突破

2013年中国工商银行强化各托管领域市场营销，成绩显著。稳固资本市场托管业务优势，成功中标中国南车集团、贵州黎阳航空发动机公司等企业年金基金托管资格，大力开拓固定收益类基金产品、互联网基金、ETF基金和养老金产品托管业务新领域，稳步推进全球托管业务，QFII和QDII业务规模持续增长；加快基础性托管业务发展，安心账户（单用途商业预付卡预收资金）托管业务取得突破，34家分行开办此项业务，积极开展慈善资金、财政公共资源交易资金、存量房交易资金、住房公共维修基金、商品房预售资金等民生领域托管新业务；积极开拓新兴托管业务市场，托管人力资源和社会保障部备案批复的全市场第一只养老金产品和第一只券商公募基金，抓住保险资产投资新政机遇，与11家保险资产管理公司建立托管合作关系，紧跟期货市场监管政策变化，与多家试点期货公司成功签署托管协议。

三、服务创新取得新进展

2013年，中国工商银行在业内率先试点托管承接外包服务，为外包服务的正式开办进行积极准备。中国工商银行还率先托管了一批创新金融产品，包括首批债券ETF基金、首只黄金ETF、首只触发式混合型基金等；率先开展基金管理公司票据专项投资业务、债权专项投资等专项资产托管业务。2013年，中国工商银行加大研发力度，先后投产资产服务外包系统、新一代托管网银客户服务平台等重点业务系统，对业务创新提供了有力支撑。

第二节　中国农业银行

2013年，中国农业银行托管业务坚持“合规运作、稳健发展、做优服务、提升质量”的指导思想，努力实现业务又好又快发展。2013年资产托管规模达到3.59万亿元，较年初增长20.58%；实现托管业务收入33.38亿元，同比增长33.8%，各类产品均实现快速增长，其中保险资金托管规模继续保持业内领先地位，2013年末中国农业银行保险资金托管规模1.7万亿元，规模业内排名第一。凭借债券结算业务量大、业务处理零差错等优势，中国农业银行从众多托管银行中脱颖而出，荣获上海清算所2013年度托管银行优秀奖。

一、以业务营销为重点，积极拓展托管业务市场

2013年末，中国农业银行签约保险托管客户数达到39家，涵括保险公司和保险资产管理公司，巩固了保险托管业务优势地位。紧抓市场机遇，实现中国农业银行RQFII业务零突破。成功托管国海富兰克林全球债券一对多产品，为下一步大力发展各类非公募QDII业务打下良好基础。成功营销TCL补充养老保险、青海邮政养老保障委托管理等项目，养老保障委托管理业务大客户营销有所突破。与国寿养老、华夏基金管理公司等共同开发养老金产品，并推动产品上线运行。成功取得企业年金基金账户管理资格，进一步完善了年金业务服务功能。正式成为全国社会保障基金托管人。

二、适应市场变化，不断创新托管产品

中国农业银行成功营销了市场首批多空分级基金、市场首批目标触发基金、市场首批对进取级提供保本分级债券基金等。紧抓互联网金融发展机遇拓展货币基金托管业务，如与光大保德信基金管理公司合作研发“天天富”基金，联合银联商务推出专门针对中小企业和商户的首期货币市场基金，联合嘉实基金合作研发嘉实活期宝货币市场基金，规模有望持续增长。在基金专户业务领域，实现了投资于融资融券专户产品和场外收益权互换产品的托管，属于业内首创并且唯一。探索保险资产管理产品托管业务发展，成功托管挂钩银行理财产品资金池的保险资产管理产品。丰富QDII产品线，托管投资香港恒生指数的创新型分级型QDII产品。开展员工福利计划业务、零售养老金业务研发工作，打造具有中国农业银行渠道、客户优势的拳头产品，占有养老金市场相关领域的优势地位。

三、坚持以客户为中心，提升托管服务水平

2013年，中国农业银行托管业务不断提高客户服务意识，改进服务质量，获得客户高度评价。建立多层级、多策略、多组合核算

体系方案，顺利完成理财产品、保险公司客户托管核算体系改造。成功研发托管业务二期清算管理系统（CPS）并积极向客户推广上线使用，有效优化资金汇划流程，提高客户服务效率。认真研究保险公司股指期货托管业务和特殊机构模式托管业务，满足保险公司客户的托管服务需求。与BBH签订合作备忘录，与道富银行、汇丰银行、中银香港建立了次托管关系，不断扩大境外行合作范围，建立全球托管服务体系。制定下发托管业务客户服务评价制度、《QFII信息服务操作规程》，不断提高客户服务质量。

第三节　中国银行

2013年，在利率汇率市场化、人民币国际化加快，独立第三方监管需求增加的背景下，拥有逾百年历史的中国银行积极落实“担当社会责任，做最好的银行”的要求，不断加强客户营销、优化产品结构、提升系统功能、强化风险管理，托管业务规模、质量与效益持续同步提升，获得《21世纪经济报道》评选的 “2013年度最佳托管银行”和《金融理财》评选的 “2013年度金牌最稳健托管银行”。

一、财务指标良好，经营业绩持续提升

2013年，中国银行积极克服资本市场下跌的不利因素导致托管资产规模和收入被动缩水的压力，仍实现了较快增长。截至2013年末，中国银行境内托管资产规模为4.07万亿元（中国银行集团全球托管资产规模逾5万亿元人民币），成为中国境内最大的托管银行之一；托管费收入继续保持两位数增长，近三年平均增长率27%。业务结构更加优化、均衡，业务驱动由基金托管的“单引擎”转变成基金托管和资产托管的“双引擎”，奠定了托管业务的可持续发展。

二、抢抓政策机遇，突出国际化特色

紧紧抓住“大资管”时代的政策红利，大力拓展券商资产管理、保险资产管理、信托资产管理、银行理财产品、RQFII等各类资产托管业务，在多项业务领域实现产品创新。以产品为抓手、服务为纽带，巩固和深化与社保基金会、基金管理公司等重点客户的全产品合作，提升核心客户综合贡献度；建立托管产品专家队伍和直客式营销网络，托管产品经理专业直销与客户经理代销相结合，提升托管产品销售能力；有针对性地推进托管产品下沉，延伸托管产品服务触角，提高托管业务“穿透力”；牢牢抓住RQFII扩大试点的机遇，带动境内外分行，积极开展多层次的营销活动，推动跨境发展，全年新增RQFII托管客户10家，新增获批投资额度约173亿元人民币，保持业内领先地位；以QDII托管为抓手，精选合作伙伴和合作产品，满足大型机构客户对于跨境托管、海外本地托管服务的全面需求。

三、提升客户体验，强化主动风险管理

2013年中国银行先后对托管业务13个子功能系统进行了升级改造。其中，中债直联全产品顺利投产，中国银行成为第一家也是目前唯一一家与中央国债登记结算公司实现直通式处理的托管银行；托管业务电子指令一期项目也成功投产上线，彻底摆脱传统的纸质指令模式，不仅提高了业务处理效率，而且能为客户提供电子加密传输、批量并行发送、实施状态跟踪、自助查询等多项增值服务；拟于2014年5月上线的新版托管网银增加资金、证券查询、指令处理及查询和报表服务等多项功能。在极大提升客户体验及满意度的同时，中国银行以制度控制、流程控制、法律合同控制、岗位牵制与权限控制和检查审计为抓手，进一步加强风险管理的主动性。积极防范外部输入性风险事件对托管业务声誉的影响，实现风险关口前移。搭建和投产了托管合同审核管理系统平台，优化了合同管理，

提升了法律合同管理的质量和效率。根据业务系统和流程的变化，开展了RACA更新评估工作和规章制度的重检和梳理工作。2013年托管业务已连续第七年获得安永会计师事务所基于两种国际主流内控审计准则（分别由国际会计师协会和美国会计师协会制定）出具的无保留意见的审计报告。

第四节　中国建设银行

2013年，中国建设银行托管业务取得了良好的经营业绩。托管规模和收入实现双增长，托管规模达3.7万亿元，其中投资托管规模3.1万亿元，增长3 994亿元，增幅15%。托管费收入41亿元，其中投资托管业务收入23亿元，增长2.6亿元，增幅13%。证券投资基金托管规模6 137亿元，稳居市场第二；新发托管基金84只、份额1 237亿份，均列市场第一。保险托管规模5 864亿元，新增1 669亿元，占比增速四行第一。新增QFII托管客户7家，新批额度19亿美元，均列四行第一。服务创新取得新突破，在公募基金ETF产品、保险实业投资、受托资产外包服务、养老金后端集合产品、保险资产投资股指期货、RQFII ETF跨境人民币汇款等多个领域保持同业领先，连续第六年获得国际审计机构出具“无保留意见”的内部控制审计报告；连续第五年荣获《全球托管人》杂志“中国最佳托管银行”奖，获得中国国债登记结算有限责任公司2013年度中国债券市场优秀托管机构和香港《财资》杂志2014年度“最佳托管专家——QFII”奖。

一、市场能力持续提升，全球托管能力不断加强

与基金管理公司开展多层次、全方位合作；动态调整产品结构，提高市场契合度，公募基金新增托管只数、规模一直处于同业领先位置。拓展交易所场内销售基金及基金管理公司直销基金托管业务，新增基金18只，新增规模211亿元，均列市场第一。为八大

保险公司、中小保险公司逐一制定优质服务，分类精准营销；大力营销保险实业托管业务，及时抓住保险委外投资创新的市场机遇，率先开展保险委外资产创新托管业务。抓住人民币国际化和QFII/RQFII市场扩容的政策机遇，营销中国香港、日本、中国台湾等全球多个市场，连续举办高级论坛，在伦敦成功举办大型QFII/RQFII投资国际论坛，吸引10多个国家和地区的185家投资机构参会；国外主权基金托管业务取得突破性进展，海外机构QFII业务发展能力不断增强。

二、以创新促发展，挖掘竞争优势

积极开展产品创新。成功托管国债ETF等十类国内首只或行业首批创新基金二十余只；推出“托保通”综合金融服务解决方案，成功挖掘保险实业投资项目40多个；创设并获批后端集合养老金产品20只，居市场第一；首批获批受托资产外包服务，建立托管增值服务的功能性优势。坚持推进服务创新。业内首家为保险公司提供券商特殊机构结算服务；满足黄金ETF产品投资运作的特殊需求，确保产品T+0完成中登与金交所的资金清算。持续研究流程创新。重构清算业务流程，优化指令接收和处理流程，推行电子指令，以流程定岗位，以岗位定职责，形成新型业务处理架构，有效提升运营服务能力。

三、加强托管业务基础管理，确保安全运营

完善制度建设，规范新兴业务操作管理。制定并下发保险实业投资、实业类券商定向、基金管理公司子公司、受托资产外包等六个业务管理办法，规范操作管理；规范养老金托管服务标准，为养老金托管集约化服务体系建立做了有益的探索。加强业务管理，切实防范风险。推行岗位轮换制度，组织分行业务操作风险自评估；外聘会计师事务所进行内控审计，连续第六年获得“无保留意见”的内控审计报告；全年托管业务安全运营无事故。

第五节　交通银行

2013年，交通银行积极应对极为复杂的市场环境，紧紧围绕“两化一行”发展战略，积极推进“二次改革”，牢牢紧扣“效益优先、兼顾规模”发展主线，坚持“一个交行、一个客户”经营理念，以养老金和国际业务为发展特色，以贴近和服务分行、支持和拉动主体业务发展为重点，以产品创新、领域创新、服务创新为抓手，保持了全行托管业务快速健康发展的良好势头。截至2013年末，全行资产托管规模3.11万亿元，稳居国有大型托管银行第一梯队。

一、坚定战略、融入全行，为全行主体业务提供支撑和服务

2013年，交通银行坚持托管业务转型创新发展，实施托管业务“4321”发展战略，转向扩大业务功能，充分发挥托管业务在做大全行存款和和中间业务收入的支撑和服务。转变业务发展模式，由总行做托管转向全行做托管，使托管业务贴近分行、贴近主体业务、贴近存款和中收，融入全行经营管理的大局中，进一步提高托管业务对全行转型发展的支撑和拉动，托管业务在全行经营管理中的产品和通道作用，安全和精细管理作用，客户锁定和纽带作用，低成本和高产出作用进一步发挥，有力地支撑了全行主体业务的发展。2013年，全行共营销各类托管（结算）账户7 000多个，为社会财富管理、资产管理提供保管、清算、核算、估值、监督等诸多服务，获得低成本沉淀资金、外部贷款资金、结售汇收入等，取得了良好综合效益。

二、开拓领域、创新产品，全面增强业务发展活力和后劲

托管业务产品无限、领域无限。2013年，交通银行围绕市场和客户需求，围绕全行战略和分行业务实际，不断加强领域创新和产

品创新，实现托管业务市场产品的全覆盖，创新研发并推广了租赁类、通道类、金库宝类、保险债权类、电子类、商品期货类、医疗保险类等多种重点产品，切实发挥增加存款、增加中间业务收入，保证信贷资金安全，促进资金体内循环四个作用。交通银行成为业内首家在香港地区成立资产托管中心的中资银行，实现在全球市场开展托管业务的银行，率先托管境外理财及强积金资产，并积极研发跨境交易类、兼并收购类、QDLP等跨境托管产品，托管业务国际化迈出了坚实的一步。

三、打造品牌、做出特色，持续巩固最大养老金管理银行地位

2013年，交通银行持续巩固最大养老金管理银行地位，抓好“交通银行，养老金最大管理银行”的品牌建设。在已成为养老金最大管理银行，并形成覆盖城乡社会保障体系养老金产品基础上，继续把握养老金市场发展机遇，在基本养老、企业年金、零售商业养老、全国社保等多个领域创新研发和推广新型养老金托管产品，加强重点客户营销拓展，积极抢占养老金托管市场，养老金托管规模继续保持市场第一地位。

第六节　中信银行

2013年，中信银行托管规模突破两万亿元，托管收入快速增长，成功托管余额宝等一系列创新货币基金，同业排名、市场影响和品牌形象大幅提升。截至2013年末，中信银行资产托管规模达20 464亿元，当年净增加托管规模13 210亿元，增长率182%，净增量在全部同业排名第3位，资产托管规模在9家股份制银行中排名跃升至第2位。托管收入全年实现7.76亿元，同比增长2.93亿元，增长率61%，在9家股份制银行中排名第5位，较去年上升1位。出色成绩再次获得同业和专家认可，继连任第一届、第二届中国银行业协会托管业务

专业委员会常委单位，再次获选第三届委员会副主任单位，并荣获《金融界》评出的“最佳资产托管奖银行”和凤凰网评出的“最佳互联网金融托管创新奖”。

一、公募基金业务逆势上扬，商业银行理财大幅增长

中信银行以创新产品和优质服务赢得各家基金管理公司认可，截至2013年末，公募基金托管规模达2 125亿元，排名跃居股份制银行首位。较年初增长1 917亿元，增长9倍，当年成功新上线产品11只，托管产品总数达31只。托管的天弘增利宝货币市场基金通过对接余额宝实现了互联网金融模式的创新革命，成为国内规模最大的公募基金。不仅立足本行理财产品托管，而且积极为各地方商业银行提供个性化理财产品托管服务。截至2013年末，地方商业银行理财托管规模达1 502亿元，增幅66%，合作上线地方商业银行达54家。

二、保险业务实现成倍增长，通道业务迎来增长高峰，股权投资基金（PE）业务稳步攀升

中信银行与中国人寿、中国平安、泰康、信诚人寿、中国再保险等机构开展保险托管合作，产品类型涵盖保险资金、基础设施债权计划、不动产及股权债权计划等领域，规模较年初增长4倍。证券公司通道类产品托管规模3 863亿元，较年初增长5倍，排名高居全行业第三位；基金专户托管规模476亿元，较年初增长近20倍。PE业务新增北京市战略新兴产业基金，广州国资发展基金、鼎晖夹层基金等一批大型优质项目。截至2013年末，PE托管规模达758亿元，同比增长68.44%，产品数量达311只，较去年同期新增88只。

三、安全运营保障有力，内控再获国际认证

中信银行核算套账数较年初增长63.8%、日均清算笔数较2012年成倍增长的情况下，优化操作模式，推出“托管及时通”呼叫应

答服务等多项举措，使安全营运得到有力保障。在余额宝托管中，协同天弘基金管理公司、行内流动性管理等部门，对余额宝产品交易类型多样性、交易金额巨大、临时头寸报备多、高峰交易时间集中等情况做出有效应对，平稳渡过了“双十一大促”阶段，在此基础上总结形成一整套营运流程和模式，成为业内标杆。在内控水平提升方面，2013年完成ISAE3402国际内控标准审阅项目，成功获得无保留意见报告。严抓风险管理，会同总行审计部对分行二级分行开展资产托管业务运营专项检查。积极应对产品数量增长压力，推进养老金系统、营运核心系统、管理信息系统等重要系统的自主研发。

第七节　中国光大银行

2013年，中国光大银行资产托管业务继续保持规模和收入稳步快速增长，提前一年实现托管规模过万亿元的发展目标。截至年末，中国光大银行托管资产规模达17 154亿元，同比增长97%；托管业务收入7.15 亿元，同比增长48%。在2013年金融界领航中国年度评选中，中国光大银行获“最佳托管银行”奖；在中国有限合伙人联盟（CLPA）2012—2013年度评选中，中国光大银行获“CLPA2012—2013年度最佳投资托管商业银行”。

一、托管规模快速增长，托管产品亮点纷呈

2013年，中国光大银行托管规模呈现两大特点。第一，六类产品托管规模增幅大，部分产品规模名列行业前茅。一是证券公司客户资产管理托管规模较年初增加2 917亿元，增幅189%，居行业第二位；二是保险资金托管规模较年初增加854亿元，增幅186%，居股份制商业银行第二位；三是公募基金托管规模498亿元，居股份制商业银行第三位；四是银行理财产品托管规模较年初增加2 955亿元，增幅176%；五是伞形结构化证券投资信托计划托管继续保持领先优

势，托管产品规模达310亿元，实现收入2 900多万元，居行业前列；六是国家开发银行委托托管业务累计规模达到1 500亿元，比2012年增加900亿元，是中国光大银行单一客户存续规模最大，投入产出比最高产品。第二，五类重点产品规模收入比重持续上升，综合收益不断提高。2013年托管产品中，信托计划、银行理财、券商资产管理计划、公募基金、保险债权计划五大类重点产品托管规模近1.6亿元，占总规模的93%；托管收入达到5.7亿元，占托管费总收入的80%。五类产品按规模排序分别是：银行理财托管4 633亿元；证券公司客户资产管理计划托管4 460亿元；信托计划托管4 406亿元；保险资金托管1 314亿元；公募基金和基金资产管理产品托管1 113亿元。

二、加强创新，寻找新的业务突破点

一是推出融资撮合类托管业务。中国光大银行从2013年下半年开始推出融资撮合类业务，至11月末，已实现项目对接68个，金额160亿元，中间业务收入3 000多万元。二是持续推进股权业务创新。通过不断完善股权系统功能、与合作单位举办专场推介会，股权托管业务成为新的利润增长点。2013年末托管股权资产313亿元，实现中间业务收入4 000多万元。

三、强化风险管理，保证安全运营

一是对资产托管业务规章制度进行了全面梳理，将涉及各项托管业务和股权业务的52个操作规程和管理办法汇编成《中国光大银行资产托管业务管理手册——总分行分册》及《中国光大银行资产托管业务管理手册——总行及分中心分册》，帮助员工及时掌握业务运营中新的变化，进一步加强全行托管业务规范化管理。二是加强对分行业务的检查指导力度，全年共进行了两次非现场检查和一次现场检查，内容包括分行非证券类托管、保管业务资格重检、托管分中心证券类业务自查、托管业务自查自纠等。三是推进托管业务内控审计。为进一步提高本行托管业务的内部控制和风险管理水平，中国光大银行2013年聘请第三方外部机构对全行资产托管业务内控进行ISAE3402审阅。

第八节 华夏银行

2013年，华夏银行股份有限公司资产托管业务克服了资本市场持续低迷、理财业务受限等多方面不利因素的影响，继续秉承“为客户提供增值服务”的核心理念，坚持“规模优先、带动收入”的基本策略，强化营销联动机制建设，着力产品创新和市场开拓，持续优化托管服务，通过托管平台和新兴业务带动传统业务发展。全年重点营销基金管理公司和券商专户理财产品托管业务，加大保险资金托管营销力度，扩大信托产品托管规模，进一步拓展银行理财产品托管市场。全行资产托管业务条线业绩喜人，各项经营指标超额完成。截至2013年末，全行托管规模达到7 222.72亿元，同比增长58.18%；实现托管业务收入4.77亿元，同比增长78.13%。

一、倡导产品创新

2013年密切关注市场动态和客户需求，提高托管业务研究能力，开拓思维，把握新兴金融业态需求，加强新产品研发和推广，以产品创新推动托管业务持续快速发展。2013年抓住公司业务部推出银证投融通业务的契机，指导分行开展与该业务相结合的券商定向产品托管业务。积极推动产品创新，为进一步拓展托管业务领域奠定基础，与泰康资产、华泰资产、太保资产就开展保险公司基础设施和不动产业务合作进行交流；与公司业务部共同推动券商资产证券化类托管业务。

二、进一步加强对分行的管理和指导

组织安排全行视频培训，学习中国银行业协会下发的《商业

银行托管业务指引》，进一步明确托管业务的内涵、实质及风险点等；制定下发有关加强分行资产托管业务管理、开展资产托管业务存量产品全面风险排查等通知，指导分行托管业务人员合规开展托管业务营销及运营；强化分行托管业务操作风险意识，协助、督导分行将托管业务的风险管控落实到位，确保全行托管业务的稳步健康发展。

三、加快托管业务平台建设

2013年总行加快开发集数据交换、数据管理和数据接口为一体的托管业务综合服务平台，力争2014年上线投入生产。新平台可实现外围系统数据采集分发、内部托管数据采集分析、托管估值电子对账、分行托管数据分析及绩效管理等多项功能，该平台的上线将大幅提高总行对分行托管的服务支持与管理水平，并将为全行托管业务下一步的稳健发展做好系统方面的技术支持准备工作。

第九节　广发银行

2013年，广发银行探索创新业务模式，抢占市场先机，资产托管规模成功跃上新台阶。截至2013年末，广发银行托管资产规模达3 445亿元，同比增长231.47%；实现托管业务收入2.47亿元，同比增长100.8%。由于在互联网金融托管方面的突出表现，广发银行荣获“2013年东方财富——互联网金融发展高峰论坛”授予的“最佳托管银行”、“最具创新力银行”两大奖项。

一、快速介入互联网金融托管，建立特色产品竞争优势

广发银行以互联网金融托管为契机，针对互联网用户的特点，打造特色托管产品线，取得市场竞争优势，带动明显的综合收益。作为“财付通”和“易付宝”的监督银行，与客户合作推出余额增值项目，为基金管理公司和第三方支付机构提供综合增值服务，盘

活第三方支付机构客户的日常沉淀资金，极大地提升了广发银行的专业形象。

二、基金、保险和跨境三大业务实现跨越发展

首先，广发银行在2013年继续深化与基金管理公司的合作，全年新增托管公募基金8只，产品类型涵盖货币基金、保本基金、分级基金、股票型、债券型、混合型以及QDII基金等主要公募品种。其次，适时与多家保险机构展开深层合作。通过业务引导、资源整合等方式，促使保险资产托管业务迅猛发展，持续营销基础设施债权计划托管、独立监督人项目等并初见成效。截至2013年末，广发银行保险资产托管规模近千亿元，居股份制银行前列。最后，广发银行在其跨境资产托管业务起步不到一年内，无论资产规模、托管收入等实效业绩，还是系统建设、人才培养等软硬实力，均实现重大突破。截至2013年末跨境托管规模超27亿元，在股份制商业银行中尤为突出。上述三大业务在创造综合收益、彰显托管能力、树立品牌效应等方面实现了跨越式发展。

三、注重品牌建设，树立资产托管专业服务形象

2013年6月，广发银行资产托管业务以“托管您的梦想”为主视觉形象对外发布；10月，自主研发的“托付通”产品以“安全快捷增值”为主视觉形象对外发布。2013年第四季度，多家媒体对广发银行资产托管业务开展情况进行了报道，社会反响强烈，树立了广发银行专业的资产托管服务品牌形象。

第十节　平安银行

2013年，平安银行围绕清晰的战略规划，依托公司、零售、同业、投行“四轮驱动”，坚持“变革、创新和发展”思路，探索出一条“专业化、集约化、综合金融、互联网金融”的特色经营之

路，取得了靓丽的经营业绩和丰硕的管理成果，向业界展示了平安银行“不一样”的风采。2013年，平安银行以事业部改革为契机，理顺组织架构，引入优秀人才，转变运营模式，再造业务流程，优化考核机制，加强风控能力，开启了资产托管业务的改革元年；平安银行以强化营销和提升服务为两大着力点，继续发挥托管业务在综合金融中的纽带作用，积极探索资源整合、业务撮合的新型业务模式，成功打造了以金橙俱乐部为基础的同业合作平台，整体业绩保持快速增长态势。截至2013年末，托管资产净值规模达8 089亿元，同比增长89%，当年实现托管费收入5亿元，同比增长130%。

一、产品结构不断优化

2013年，平安银行托管产品结构进一步优化，证券公司客户资产管理托管和基金管理公司客户资产管理托管的净值规模分别增长339%和10 679%，大大高于行业平均的195%和639%增长率，上述两类产品占全行托管规模的比重也比2012年分别上升13个和16个百分点，达到13%和28%的历史新高。此外，2013年平安银行成功获得保险托管资格并实现9只保险资金理财托管产品的托管。产品种类的不断丰富大大改善了托管产品结构，盈利能力和抵御风险能力显著提高。

二、创新能力不断增强

2013年平安银行继续推进外包业务平台建设，不断完善金橙管家系统并取得阶段性成果，初步打造了一个业内领先的托管、TA/估值系统、销售资金监管系统，为各类资产管理人提供全面深入的个性化服务。金橙管家业务荣获2013年深圳市金融办优秀创新奖，并获得平安银行首届创新奖三等奖。在产品创新方面，平安银行与平安养老险签订业务合作框架协议，金橙养老保障系列产品已成功进入托管运营7期，养老险的“健康通团体健康保障委托产品”已与平安银行签署托管协议。同时，平安银行大力推动商业银行客户资金托管业务发展，有效地提升了托管业务的盈利能力。此外，承揽了期货类等多项新型理财产品的托管，与大华基金合作的信用卡资产证券化产品成功上线，招商快钱T+0货币基金以创新模式实现了托管行对管理人特定项目的流动性支持。

三、事业部制改革稳步推进

2013年平安银行资产托管部正式启动事业部制改革，以“差异化、专业化、特色化、级差化、规范化”为指引，全力打造专业托管平台。平安银行积极转变经营管理模式，强力推进北上广深津托管中心建设，按照“七个转向”启动运营及营销体制改革，打造高效的分层运营平台和多层次的营销体系，探索“不一样”的平安银行托管之路 。

第十一节　招商银行

2013年，招商银行资产托管业务集中资源，抓住重点，创新业务，优化流程，强化管理，资产托管业务发展和管理继续保持良好势头。截至2013年末，托管资产余额1.86万亿元，全年累计实现托管费收入10.62亿元。在行业内率先托管家族信托产品，持续优化托管系统，探索总分行托管运作与管理模式，较好履行托管业务专业委员会主任单位责任，托管品牌影响力得到提升。

一、巩固公募基金优势，创新家族信托托管

2013年招商银行继续大力发展证券投资基金托管，全年新增托管18只开放式公募基金，募集总规模达377.37亿元。为满足国内家族财富代际传承的需要，招商银行依托雄厚的高端私人银行客户资源，开办了业内首只家族信托计划托管业务，将托管机制由金融领域延伸至民事托管领域，进一步扩大托管机制发挥作用的空间。

二、完善托管系统和流程，加强托管内控管理

根据托管业务创新、估值和监管的需求，2013年招商银行持续进行了一系列托管系统功能完善：如开发银行理财产品分池核算托管系统，确保全行理财托管产品合规运作；完善QDII托管系统功能，实现国内首例多币种分级QDII基金的多币种分红及转投；开发境内外套利期货交易核算估值、美国国债期货核算估值系统功能及监管报表生成；完善托管核心系统功能，实现股指期货权益的各项监控；满足券商分级集合产品托管处理需求。在完善托管系统功能的基础上，招商银行加大托管业务营运流程的优化，进一步优化证券基金托管集中处理流程，完成通道类专户及定向产品运作流程，提高全行托管业务营运承接能力，同时也加强了招商银行托管业务重点产品、重点地区和重点业务环节的风险控制，有效运用操作管理系统及时进行风险数据监测、分析和报警，对各项控制措施的执行情况进行监测，该行资产托管业务顺利通过协助行内外部审计、深圳银监局私募基金现场检查和证监会基金托管现场检查。

三、切实履行主任单位及企业社会职责，扩大托管品牌影响力

2013年，招商银行作为托管专业委员会主任单位，全力配合银行业协会并会同各成员单位，牵头完成编印《中国资产托管行业发展报告（2012）》，牵头研究银行业与第三方支付机构业务合作并形成报告呈报银监会，与会员单位持续完善托管行业统计系统功能，较好履行主任单位职责，推动完成委员会各项年度工作，在中国银行业协会2013年度评比中名列首位。应深圳市民政局力邀，2013年招商银行协助民政部完成了第二届慈展会金融创新展区的组织筹办工作，成功地组织14家金融机构参展，首度以统一形象亮象于慈善展区；组织“金融慈善沙龙论坛”，通过社会与媒体，全面宣导金融机制在公益慈善建设的不可或缺作用，提升了托管品牌的

社会责任内涵，并再次获得《财资》“中国最佳托管专业银行”奖，四度蝉联《财资》托管银行大奖，荣获《经济》杂志颁发“中国最佳股份制托管银行奖”。

第十二节 上海浦东发展银行

2013年，上海浦东发展银行对总行架构进行了优化调整，原资产托管部与养老金业务部合并为资产托管与养老金业务部，一级部室，下设证券托管处、客户资产托管处、内控管理处、运营管理处、养老金业务处共五个处室，人员接近百人。在“创新驱动、转型发展”的整体战略指导下，上海浦东发展银行资产托管业务以“固本拓新”为工作基调，以业务持续性和创新性、服务标准化及其基础上的个性化、流程模块化和电子化为全年三大重点工作目标，以切实提高全行资产托管业务管控水平和运营能力为工作切入点，为包括社会企业客户和金融机构客户在内的各类客户提供优质托管服务。2013年末，上海浦东发展银行资产托管规模达17 600亿元，较2012年有近10 000亿元的增长，2013年资产托管费收入超过24亿元，较2012年增长近16亿元，托管资产规模和托管费收入同比增长率均超过100%。

一、立足领域创新，大力推广和拓展客户资金托管业务

2013年，上海浦东发展银行在对已有的公共资金、专项资金、受托支付、阳光慈善、电子商务、预付费单体卡等领域托管产品进行持续推广的基础上，不断开发新的客户资金托管业务领域。在基金销售资金监管领域成为全国首家期货公司基金销售资金的监管行，配合东方证券申请获批全国第一家具备销售资金监管业务资格的证券资产管理公司。针对上海自贸区成立后跨境资本流动、跨境投资、跨境并购将越来越频繁的特点，出台了全套自贸区托管服务方案。在公益慈善领域尝试依托移动互联渠道拓宽产品服务内容，深耕“阳光慈善”托管品牌建设，2013年“阳光慈善”品牌托管服

务首次被应用于员工互助基金。紧跟互联网金融跨界业务合作，将传统托管服务和互联网金融有机结合，推动托管产品在互联网金融产品中的加载。上海浦东发展银行客户资产托管不断把资本市场领域的托管业务领域延伸到更广阔的民商事领域。

二、抓住资产管理行业发展机遇，做大基础托管业务

我国资产管理行业的业务领域从虚拟经济延展到实体经济，服务对象从证券市场延展到包括资本、资金和各类融资在内的整个金融市场，产品已经不再拘泥于传统的证券类托管，而是不断延展到项目类托管。2013年，上海浦东发展银行紧跟行业发展步伐，注重对项目融资类资产管理托管产品的研究和发掘，不断改变和丰富产品，将更多精力投入到项目类托管的研究上，积极创新并重点推广“银、信、证、基、保”新型托管业务，在信托保管和券商资产管理的托管业务上取得了较快速的发展。

三、持续提升托管服务能力

2013年，上海浦东发展银行在持续优化现有托管系统的基础上，继续推动新一代托管系统建设，精益求精优化整合运作流程，逐步实现流程模块化和电子化，不断完善总分行两级托管运作体系，努力加强托管服务队伍建设，持续提升全行托管服务能力，为资本、资金市场和各类机构提供全方位托管服务。

第十三节　兴业银行

2013年，兴业银行发挥在专业、服务、创新和高效上积累的优势和经验，根据市场变化，深入客户需求，推进产品创新，优化业务流程，重视系统建设，与客户良好互动共赢，全年无任何重大风险事故，保证了资产托管业务的健康快速发展和市场地位的持续攀升。截至年末，兴业银行资产托管规模达30 862.09亿元，增幅

89.54%；其中信托财产保管规模9 458.62亿元，证券公司客户资产管理托管规模8 209.25亿元，均位居行业首位；全年新增各类托管产品8 679只，年末在线托管产品8 114只；全年实现资产托管中间业务收入33.58亿元，同比增幅125%。

一、以创新作为原动力，主动服务、主动沟通、主动协调

兴业银行秉承“客户利益为先”，坚持将创新作为资产托管业务发展和进步的原动力，持续将政策变化、市场动态、客户需求和创新服务有机结合，不断推出市场创新产品，如东方证券阿里小贷类信贷资产证券化；证券公司股票质押融资计划等。通过“主动服务、主动沟通、主动协调”的服务方式，鼓励和支持客户创新思路的实践，协调各类资源努力解决客户所遇到的难题，积极为其提供专业优质的技术和业务支持，搭建高效的服务共享平台，资产托管业务合作伙伴超过400家。同时，兴业银行将创新产品延伸到流程、风控、核算、科技等各个层面，在业务高速发展的同时保证了服务效率的提升，使兴业银行资产托管业务获得了具有创新力、业务处理快、专业能力高的市场赞誉。凭借优质的服务及业界的认可，兴业银行先后荣获三项大奖：《21世纪经济报道》“2013年最佳托管银行”奖；《第一财经日报》“2013年最佳托管服务银行”奖；《经济观察报》“2012—2013年度卓越托管服务银行”奖。

二、由内而外、苦练内功、防范风险

兴业银行始终重视强化风险管理，严格把控合规风险和操作风险。合规方面，完善内控机制，落实各岗位环节内控责任，优化合同审核流程，变行政化审批为专业化审核，严防风险事件发生，切实保障投资者利益。在规避操作风险方面，兴业银行根据业务发展变化，及时调整补充操作流程及管理制度，先后修订实施“托管资产投资交易监督管理办法”、“证券投资类和非证券投资类信托计划托管运营操作规程”、“托管产品内部工作规程”、“交易类账

户操作规程”等规章制度，为操作合规提供了有力保障。

三、系统升级实现平稳过渡，助力业务发展

2013年5月，兴业银行新一代托管业务系统经过半年的系统并行后，顺利完成业务切换。新系统投产增强了兴业银行在场内估值、清算业务的专业处理功能，提高了业务承接和新产品落地效率，为后续业务的发展奠定了坚实的技术基础。同年6月，非估值系统项目二期正式上线，简化非标类业务流程、提高了处理效率，满足了信托、定向产品的业务需求，扩展了项目类信托、平台类定向业务的处理功能，并就权限管理、清算模块进行了架构上的整合优化，可以满足客户更多的个性化服务需求。

第十四节　中国民生银行

2013年，中国民生银行抓住“大资管”时代的历史机遇，整合资源，搭建平台，开拓创新，坚持以业务规划为指导，以交叉销售为手段，以政策激励为导向，以产业链和资金链为依托，以重点产品为着力点，在基金专户、信托保管、保险、券商理财等细分领域做出了自己的特色和优势，实现了全行资产托管业务的历史性飞跃。截至2013年末，资产托管规模突破1.95万亿元，实现托管费收入27.12亿元，迈入托管银行第一集团军行列。

一、搭建平台，整合资源，推进业务的深度合作

2013年中国民生银行发挥托管业务的媒介和桥梁作用，对内深入推进“托管+综合金融服务”模式，对外重点发挥总行的“总对总”营销职能，推进与同业机构的战略合作。积极搭建银基、银证、银保、银信等合作平台，深入推进托管多元化战略。充分发挥与亚洲金融合作联盟的合作优势，成功举办亚洲金融合作联盟托管业务专题会议，与亚联盟成员签署托管业务合作协议，促进了与各

城商行、农商行等同业机构的合作，实现了整体业务带动式发展的良好局面。

二、开拓创新，引领市场，培育业务新的增长点

中国民生银行积极推进业务创新，坚持用“商业银行+托管银行”、“商业银行+投资银行”的战略思维和“融资+融智”理念去创新，推动托管业务发展。2013年，中国民生银行推出多个创新产品，包括保险项目资产支持计划托管、客户资金托管业务、基金专项资产管理计划（类资产证券化）托管、保险不动产投资计划托管、单用途预付卡资金存管业务和民事信托托管业务等。首次突破基金和券商QDII托管产品，实现QDII基金专户产品的成功上线。成功推出平安—民生“富盈人生”养老保障产品，该产品成为全国第一个可以同步面向机构和个人发售的养老保障产品。

三、细分市场，突出特色，打造民生托管品牌

2013年，中国民生银行采取各种措施推动保险、基金、券商、他行理财、资产证券化等重点主动型托管业务产品，取得全面进展和持续突破，树立了“特色托管银行”的竞争优势。在托管特色产品和细分市场领域，形成了一定的优势。在营销策略上抓住保监会放开保险不动产、股权投资的契机，在继续加强基础设施债权投资计划托管业务的基础上，拓展保险不动产投资计划、项目资产支持计划等创新业务领域，创造了多项业内第一，拓展定向保险资产管理计划托管业务，进一步巩固了中国民生银行在该项业务领域的绝对领先位置。同时关注基金子公司专项资产管理业务，截至年末中国民生银行基金专户（专项）托管规模及托管组合分别位居全行业第一位和第二位，取得了同业的领先优势。在信贷资产证券化业务重启后，迅速推进与他行的合作，成为国内资产证券化托管领域表现最突出的托管银行之一。2013年中国民生银行获得权威财经媒体《21世纪经济报道》评

选的“2013年度最佳金融服务托管银行”、《金融理财》评选的“2013年度金牌最稳健托管银行”等奖项。

第十五节　渤海银行

2013年，面对错综复杂的经营环境，渤海银行紧紧围绕“守住风险底线，创新转型发展”的主线，以“做大业务规模、提升经营效益”为托管业务发展目标，积极进取，扎实工作，紧抓市场机遇，加强合规管理，加快系统建设，实现了托管业务的持续快速发展。截至2013年末，渤海银行托管资产规模达5 663.96亿元，同比增长145.52%，全年实现托管费收入5.68亿元，同比增长46.13%。

一、研判形势，抢抓机遇

2013年，随着“融资脱媒”和“支付脱媒”双脱媒的深化，以及资产管理业务的改革与创新，市场进入“大资管”时代。为了在新的形势下抢抓机遇，渤海银行迅速反应，积极发挥市场敏锐性，对新的市场形势进行分析与研判，主打“专业与效率”，在市场上树立品牌，获得市场的认可；结合本行实际，扬长避短，由总行层面做出业务模式，在分行予以推广，自上而下为分行打开业务渠道，有序组织市场开发；苦练内功，加强专业培训，年初即制定全年规划，邀请内外部专家开展各类专题培训，以多种视角诠释资产托管市场，为一线人员拓宽眼界，开拓视野，提供专业支持。2013年，在全行的共同努力下，渤海银行继续保持了托管资产规模、托管收入以及托管产品数量的高增长，在全面完成行内各项经营指标的同时，将托管业务的发展推进到更高的水平。

二、加强合规管理，加快系统建设，全年实现“零差错”

为促进托管业务的持续健康发展，渤海银行做了大量基础性工作，夯实了各项基础与保障。首先，做好规章制度的规划与建设，完善规章制度体系，并严格落实各项规定，为各项业务的开展奠定坚实的制度基础与工作规范。其次，为适应市场变化与业务发展的需要，渤海银行加快业务系统的优化升级，完善业务系统功能，简化操作，提高处理效率，为业务快速发展提供保障。最后，进一步提升管理品质，通过加强内部管理、优化各项工作流程、营造愉快的工作氛围等一系列举措，显著提高了员工的积极性与主动性，整体工作效率大幅提升。高效的内部管理和与系统运维能力的提升，保证了各项业务的顺利开展，实现了全年托管营运工作的“零差错”。

三、研究市场，结合实际，集中资源开展优势业务

经过认真研究市场，结合自身实际，渤海银行将“证券公司客户资产托管”确定为重点业务，并充分发挥托管对主体业务的支撑作用，贯彻服务于创新转型的大局，集中各种资源，大力拓展优势产品，并取得喜人成绩。截至2013年末，渤海银行证券公司客户资产托管规模达到3 060.47亿元，作为第18家成立的托管银行，业内排名达到第8位。

第十六节　中国邮政储蓄银行

中国邮政储蓄银行托管业务部成立于2008年5月，2009年7月经中国证监会和中国银监会批准，获得证券投资基金托管资格，2012年7月，经中国保监会核准，获得保险资金托管资格。中国邮政储蓄银行持续拓展托管产品类型，目前已形成涵盖证券投资基金、基金专户、保险资金、券商资产管理、信托资产、股权投资基金、银行理财、资金托管等数十种类型的托管产品体系，充分满足客户多元化的托管需求。自业务开办以来，托管业务规模连续四年翻番增长，客户基础逐步夯实。截至2013年末，托管规模突破5 000亿元大关，达5 169.20亿元，合作机构数量达到200余家，并在券商资产管理、公募基金、保险资金、银行理财、基金专户等多个领域保持良

好发展势头，品牌影响力持续提升。

一、经营业绩迈上新台阶

2013年，中国邮政储蓄银行托管业务部紧抓市场机遇，实现跨越式发展。一是业务规模迅速扩张。2013年托管规模同比增速高达166.17%，处于行业领先水平，市场份额也从2012年的0.87%上升至2013年的1.48%。其中，保险资金、基金专户、银行理财等业务品种2013年托管规模增速均较为领先，位列行业内第1位、第2位和第5位。二是托管业务客户基础逐步夯实。2013年中国邮政储蓄银行合作机构数量迅速拓展至200余家，为业务增长奠定了坚实的基础。三是产品结构多元化推进效果明显。2013年新开办保险资产管理产品和证券公司集合资产管理产品托管业务；在资金托管方面，中国邮政储蓄银行北京分行中标成为预付卡支付机构备付金监管到户工作试点银行，进一步拓展了预付卡备付金存管业务，丰富和充实了中国邮政储蓄银行托管业务的产品架构。

二、风险管理体系进一步完善

中国邮政储蓄银行汲取多家托管行的管理经验，制定了一套健全的托管业务管理制度，并通过严密的风险管理组织架构，按照国际标准不断完善的风险管理制度和独立的稽核监督机制，持续推进多层次资产托管业务风险控制体系的建设，切实履行托管人职责，有效防范和化解业务风险。2013年，中国邮政储蓄银行托管业务国际内控标准审计项目正式启动，并于2014年2月通过了ISAE3402国际认证，该认证表明中国邮政储蓄银行托管服务运作流程中的风险管理、内部控制的健全性和有效性得到了独立公正第三方的全面认可。

三、托管系统自主研发取得新进展

作为我国托管业务领域的后进入者，中国邮政储蓄银行充分汲取系统建设的先进经验，在业务开办之初即采用业内先进的系统管理模式，建设了安全、高效、便捷、灵活的托管业务系统，并结合托管行业发展趋势，持续进行科技投入，不断优化升级，从而更好地满足客户需求。2013年，中国邮政储蓄银行自行研究、开发并投产了第二代资产托管业务系统。一方面，通过资产托管系统与公司系统的互联，有效缩短资金清算链条，提高了资金划转的时效性；另一方面，统一搭建数据平台，实现资金清算、会计核算、交易监督等各模块数据共享，避免重复操作，在有效节省人力的同时降低操作风险。中国邮政储蓄银行资产托管业务系统的更新升级，为托管产品的不断丰富、托管运营需求的不断变更、托管服务效率的持续提高提供了科技保障。

第十七节　北京银行

北京银行资产托管业务发展8年期间，着力于为各类客户提供优质服务，塑造资产托管业务核心竞争力。目前，北京银行资产托管业务已呈现托管服务特色化、托管产品系列化、服务人员专业化的格局，成为托管银行中引人注目的后起之秀。2013年，在资产管理行业高速发展的背景下，北京银行资产托管业务实现了快速增长，业务特点如下：

一、整合行内资源，创新服务内容，加大与资产管理人合作深度

北京银行秉承综合化托管服务和前瞻性的创新理念，通过整合行内相关资源，为托管产品的结构设计、融资、投资运作等各环节提供牵线搭桥、咨询建议等综合性服务，加深了与客户的合作深度和广度，客户黏性加强，并实现了多方共赢格局。

二、精准营销，产品类型进一步丰富

2013年，进一步提升了托管服务水平，托管产品类型更加丰

富，托管规模获得大发展。精准营销，托管并主代销多只证券投资基金，通过准确把握客户需求，定制化设计产品，实施精准营销，成功托管多只公募基金。同时加大与信托公司、证券公司、保险公司合作力度，信托计划、券商资管计划托管规模快速增长，保险资金托管也取得新突破。

三、牢守合规经营和稳健运营底线

组织业务人员学习监管部门出台的有关资产管理行业的各项法律法规，参加中国结算、中国债券登记结算有限公司以及上海清算所等机构组织的各类业务培训，真正做到合规经营。同时，加强托管业务运营的风险防控，建立托管产品准入审核体系，把好事前准入关；在托管业务运营过程中，严格遵照法律法规规定和托管合同约定，履行托管职责，做到稳健运营，防范各类风险。

四、持续加强托管业务系统建设

2013年，北京银行托管产品进一步多元化，为满足不同客户的个性化托管需求，提供更加专业的托管服务，北京银行完善托管系统建设，增加国债期货系统模块等新系统功能，形成了包括资产估值系统、清算交割系统、投资监督系统、风险管理和绩效评估等系统的功能完善、专业高效的托管业务系统。

北京银行秉承个性化托管服务及为客户综合金融服务的传统，致力于打造T.R.U.S.T托管业务品牌，为资产管理人提供更贴心的优质托管服务。

第十八节　上海银行

上海银行以打造“精品银行”为愿景，秉承“点滴用心，相伴成长”的服务理念，从战略高度大力推进资产托管业务，使托管产品进一步丰富，风控及系统支撑能力进一步提升，服务质量进一步优化，专业队伍建设进一步加强。2013年，上海银行资产托管业务实现了跨越式发展。截至年末，资产托管规模为3 066.48亿元，同比增长281.31%，较2011年相比增长超过10倍，规模增速位居行业前列；“存托比”从2012年末的14.79%大幅提升至2013年末的49.21%；托管产品数近1 000只，同比增长176.65%；托管合作客户数近200家，较上年翻番。

一、顺应资产管理市场发展，动态调整托管业务结构

一是基金类产品托管规模占比不断提升。截至2013年末，基金类产品规模占比较年初提升逾10个百分点，成功引进6只公募基金，其中“前海开源事件驱动混合型发起式证券投资基金”、“中证财通中国可持续发展100（ECPI ESG）指数基金”具有行业创新效应。二是券商资产管理产品托管增长较快。上海银行快速响应市场趋势，与60%以上的券商开展了托管业务合作。三是银行类资金托管实现突破。上海银行克服业务起步较晚、异地分行网点较少的因素，成功引进多家银行理财资金托管。四是通过主动营销和良好服务，与一半以上的基金子公司开展了业务合作，托管规模增长超400亿元。五是积极研究保险资产管理监管政策，推出保险独立监督业务。六是为上海股权托管交易中心等非金融要素市场设计了资产托管服务整体方案，开展了OTC市场中小企业私募债募集和偿债托管，为完善私募债发行机制起到良好作用。七是推动与政府、企业的合作。上海银行将客户专项资金保管业务应用于政府保障房项目及商事交易等，扩大了托管机制运用领域。

二、响应行业创新需求，有效提升托管服务能力

2013年，上海银行通过系统开发升级及业务流程的再造，提升了对融资融券、商品期货、跨市场ETF、LOF基金、场内股票质押式回购业务、国债预发行业务、资产支持证券等创新产品的托管能力；同时，满足了客户分级、分层产品账务处理，投资顾问费、业

绩报酬费等费用灵活处理及投资监督指标动态监控等个性化需求；在头寸管理、交收风险控制等托管资金清算处理方面，为客户提供了良好的服务。另外，针对中国结算、中债登公司及交易所出台的各项业务规则，制作并发布系列“告客户书”，协助客户加强对业务规则的理解。

三、启动托管分部建设，优化区域管理体制

为通过体制机制创新构建可持续发展业务模式，2013年末，上海银行启动在北京、上海、深圳三个重点区域设立资产托管分部工作，以打造专业、高效、优质的托管团队，全方位地提升市场营销、产品研发、托管运作、风险管理等方面的能力，为资产托管业务的长足发展打下基础。

第十九节　宁波银行

宁波银行资产托管部成立于2011年5月。2012年10月31日，宁波银行成为第十九家获得证券投资基金托管资格的商业银行，也是第三家获得该资格的股份制城市商业银行。开展业务一年多来，宁波银行通过完善产品体系、确立发展思路，加强团队建设，不断提高服务能力，打造托管产品、技术和服务优势，同时，严格履行托管人职责，按照法律法规和托管协议规定，安全保管委托资产，严格监督托管资产投资运作，将业务运作与控制风险有机结合，维护投资人的利益，努力塑造良好的市场形象。2013年宁波银行资产托管业务特点如下：

一、完善产品体系，实现快速成长

2013年，宁波银行通过各类业务的均衡发展，建立多层次的基础客户群。开展业务仅一年多的时间，托管的业务品种已经涵盖证券投资基金、基金管理公司特定客户资产、证券公司集合资产管理

计划、证券公司定向资产、集合资金信托、单一资金信托、银行理财产品、私募股权基金等多个门类，并在获得证券投资基金托管资格不到两年的时间内成功托管两只公募基金，实现了托管产品的托管规模和收入贡献稳步提升。2013年9月，获得中国保监会正式批复核准宁波银行保险资金托管资格，进一步丰富和充实了产品架构，完善了产品体系。截至2013年末，托管各类资产总额超过2 000亿元。托管规模和税前利润均保持着高速增长。

二、确立发展思路，提供优质服务

宁波银行十分重视托管业务的发展，得到了董事会和行领导班子的高度重视，2013年6月，召开推动资产托管业务发展动员会，会议要求各分支行将资产托管列入重点发展业务，实施重点支持、重点发展，并要求资产托管业务树立以客户为中心的服务理念，向客户提供高效、专业、安全、快捷的优质服务。总行资产托管部通过加强团队建设，引入优秀人才，专业负责托管业务市场开发、业务营销、产品设计、运营服务、风险防范、系统维护等，各岗位人员快速处理各项业务，及时回答客户疑问，满足不同客户的需求，向客户提供专业解决方案，努力创造良好口碑。

三、强化风险管理，提高内控水平

在发展中，宁波银行始终把风险控制放在首要位置，建立了严密的内控制度体系，实现了事前、事中、事后全过程的风险管理机制，不断修订和完善资产托管业务管理办法、业务操作流程等相关制度。2013年，宁波银行总行审计部对宁波银行的资产托管业务进行了内控审计，审计结果无重要缺陷。同时，为严格控制操作风险，宁波银行运营部按季度对资产托管业务后台运营情况进行内部检查，不断规范托管后台运营的制度执行和流程操作，保证托管业务安全、有效、稳健运行。

第七章　趋势与展望

第一节　“大资管”时代与资产托管市场竞争

近年来，随着国内机构和个人财富的迅速积累，资产管理行业发展迅速，特别是2012年下半年以来，我国监管机构针对资产管理市场密集出台了一系列新的规定，扩大投资范围并降低投资门槛，新的监管政策打破了银行、基金、证券、信托、保险、期货等行业之间的壁垒，各金融机构之间部分业务施行“双向打开”。新政策下各资产管理机构可以更公平地开展竞争，我国大资产管理时代的帷幕徐徐拉开，也给商业银行资产托管业务带来了新的机遇和挑战。

一、监管政策变化迎来“大资管”时代

中国证监会、中国保监会陆续出台证券、基金、期货、私募基金及保险行业资产管理业务的相关政策，主动放松行政管制，推动金融创新突破，极大地促进了全国资产管理行业的发展。

（一）证券公司的资产管理业务

2012年10月，证监会发布实施了新的《证券公司客户资产管理业务管理办法》及配套的实施细则，即《证券公司集合资产管理业务实施细则》和《证券公司定向资产管理业务实施细则》。新规主要从以下六个方面对证券公司开展资产管理业务放松管制、放宽限制，使其更有利于客户需求和适应市场情况：一是取消集合计划的行政审批，实行协会备案管理制度。二是适度扩大资产管理的投资范围和资产使用的方式，按照大集合、小集合和定向资产管理对投资范围区别对待。对于扩大资产使用的方式，允许证券公司集合资产管理计划和定向资产管理参与融资融券交易，允许集合计划进行

正回购，以及允许自有资金在集合计划存续期间有条件参与或退出集合计划。三是取消小集合和定向资产管理双10% 的限制，同时豁免指数化集合计划的双10%限制及相关关联交易投资限制。四是允许对集合计划份额根据风险收益特征进行分级，同时适当允许集合计划份额在投资者之间有条件转让。五是取消原先对证券公司开展集合资产管理业务需要达到“理财产品连续20个交易日资产不得低于1亿元人民币”的规定。六是允许证券公司自身办理登记结算业务，允许经证监会认可的证券公司为资产管理提供资产托管服务。

（二）基金管理公司的资产管理业务

2012年9月26日，中国证监会修订并发布了新的《基金管理公司特定客户资产管理业务办法》。同年10月31日，中国证监会又配套发布了《证券投资基金管理公司子公司管理暂行规定》，旨在向基金管理公司全面开放资产管理业务，不仅明确基金管理公司可以针对单一客户和多个客户设立“专项资产管理计划”，投资于金融市场上的标准化金融工具，而且允许其设立准入门槛仅为2 000万元注册资本的子公司即可开展“专项资产管理计划”。

（三）保险资产管理公司的资产管理业务

2012年10月以后，保险资产管理改革步伐明显加快，保险资金“投资新政13 条”的陆续出台和保险资金委托投资产管理理暂行办法构成了保险资产管理行业的主要政策变化，极大地拓宽了保险资金的投资范围，直接支持了保险资金的投资收益。《关于保险资金投资有关金融产品的通知》，明确符合一定要求的保险公司和/或保险资金可以投资境内依法发行的、符合一定要求的商业银行理财产品、银行业金融机构信贷资产支持证券、信托公司集合资金信托计划、证券公司专项资产管理计划、保险资产管理公司基础设施投资计划、不动产投资计划和项目资产支持计划等金融产品；《关于保险资产管理公司有关事项的通知》鼓励保险资产管理公司全面进入资产管理行业，除允许受托管理保险资金外，还可以受托管理养老金、企业年金、住房公积金等机构资金和合格投资者的资金，同时允许保险资产管理公司作为受托人，可以设立资产管理产品，开展资产管理业务，符合条件的可以申请开展公募性质的资产管理业务。

（四）期货公司的资产管理业务

2012年9月1日，中国证监会颁布的《期货公司资产管理业务试点办法》开始施行，首次允许期货公司参与资产管理市场，从事资产管理业务。据此，期货公司可以接受单一客户或者多个客户的书面委托，运用客户委托资产进行投资，不过其投资范围被限定在资本市场以及金融衍生市场上的金融投资工具。

（五）私募基金管理机构的资产管理业务

2012年12月通过修订的《中华人民共和国证券投资基金法》将非公开募集证券投资基金（即私募证券投资基金）纳入了调整范围，填补了此前的法律监管空白。私募基金纳入法制化、规范化运作的范畴，将吸引更多的机构进入资本市场，完善市场机构，丰富产品体系，推动资产管理行业快速、全面发展。

2013年6月，中央机构编制委员会办公室发布《关于私募股权基金管理职责分工的通知》，明确规定私募股权基金监管划归证监会，并已着手制定私募投资基金管理人登记和基金备案办法，监管职责及备案流程将进一步理顺。

随着监管机构对资产管理行业管制的逐渐放松，中国资产管理行业迎来了非常广阔的发展空间，资产管理行业将逐步进入竞争、创新和混业经营时代。同时，多元化的投资渠道及投资产品，包括私募及公募基金、理财产品、信托计划、专项资产管理计划、债权投资计划、私人银行财富管理、第三方财富管理、资产证券化等，必将进一步丰富和完善中国的多层次资本市场。

二、“大资管”时代资产托管市场机遇及挑战

2013年，基金管理公司新增15家，达到90家。基金子公司批设

共计62家。新《基金法》及《资产管理机构开展公募证券投资基金管理业务暂行规定》正式实施后，符合条件的证券公司、保险以及私募机构均可直接发行公募基金产品，公募基金市场主体将逐步多元化，公募基金将不再是基金管理公司的“天下”。首家取得公募基金业务牌照的东方证券资产管理公司，于2013年12月30日正式发行了首只券商基金——东方红新动力混合基金。而保险公司则以成立基金管理公司的形式参与公募基金，第一家保险系基金管理公司国寿安保基金管理公司于2013年10月29日成立。公募基金管理主体逐步多元化，行业竞争将日趋激烈。另外，基金管理公司也可借助子公司向信托、银行理财等市场拓展业务。“大资管”时代来临，各类资产管理机构根据自身特点和优势实现合作与竞争。同时，新《基金法》也允许商业银行以外的金融机构成为基金托管人，这将为资产托管市场竞争格局带来新的变化。在“大资管”时代背景下，伴随着中国资产管理行业的快速发展，国内各项资产托管业务将继续保持多元化健康发展的态势，托管服务及服务创新持续推进。但短期内受不同监管政策、客户业务需求、市场不断变化等因素影响，不同资产托管业务的发展将呈现差异化、竞争化等趋势，但总体而言机遇大于挑战。

（一）证券投资基金托管业务

自1998年商业银行托管首批封闭式基金以来，我国证券投资基金托管业务已经历了十六年的发展。随着宏观经济不断发展，居民财富不断积累，我国基金监管体系的不断完善，证券投资基金规模整体保持稳定增长。但受累于近几年股票市场整体表现低迷，以及其他资产管理机构的快速创新发展，证券投资基金规模占国内托管资产规模的比重呈持续下降态势，而且随着公募基金市场的进一步开放，证券投资基金托管规模占比下降的趋势将进一步延续。

公募基金近几年的发展总体较为缓慢。公募基金资产规模在2007年之后停滞不前，截至2013年12月31日，公募基金的资产规模为2.94万亿元，依然没有超越2007年的高位，但是从份额来看，公募基金的总份额已经达到了3.11万亿份，较2007年增长了36%，在资产规模徘徊不前的情况下，基金份额大幅上升，这说明国内公募基金整体上仍没有明显的赚钱效应。

相比公募基金的缓慢增值功能，市场竞争者保险、证券、信托等其他非银行金融行业的资产在近几年则增长迅速，来势汹汹。其中信托资产规模从2008年的1.23万亿元迅速增长至2013年底的10.91万亿元，已超过保险资产规模，2009年至今的年均增长超过50%。保险资产规模虽然增速不如信托，但也从2009年的4万亿元增长至2013年底的8.3万亿元，而券商资产管理规模更是突飞猛进，从2011年的3 000亿元飙升至2013年末的4.6万亿元。

2013年6月1日，修订后的《证券投资基金法》开始实施，新基金法明确提出放宽投资范围和基金形式，允许商品基金、对冲基金、公司型基金等以新形式丰富基金产品，证券投资基金业务进入新的发展阶段，并给托管银行带来新的市场机遇。

1. 市场创新步伐不断加快。首先表现为创新产品的不断涌现，近年来基金管理公司陆续推出债券指数基金，商品、行业ETF基金，理财债券型基金，T+0货币市场基金等产品。其次表现为产品销售方式的创新，2013年在金融市场中最热的一个名词无疑是互联网金融的兴起，随着余额宝规模的不断攀升，互联网货币基金也越来越受到投资者的关注。

2. 资产管理业务范围不断拓宽。《证券投资基金管理公司子公司管理暂行规定》明确指出，基金管理公司可设立各种类型的子公司、分公司或其他的形式分支机构，从事各种类型的产品服务，实现基金管理公司专业化分工，从而使基金管理公司业务范围并不局限于标准化的场内产品投资，可以和信托公司、证券公司等展开全方位的较量，基金托管业务领域也随之拓宽。

随着市场环境的不断变化，托管银行的产品和服务将紧跟基金管理公司的创新步伐，同时对托管银行的专业性和服务水平也提出更高要求。2013年4月修订后的《证券投资基金托管业务管理办法》强化了对托管银行及托管服务的要求：一是在托管资格准入方面，进一步提高基金托管资格准入的专业化要求，强调托管部门业务的独立性与完整性，进一步促进基金托管的市场化竞争。二是在托管资格后续管理方面，建立托管资格退出机制，对于缺乏业务发展战略、长期不开展基金托管业务，或者出现严重违规的托管银行，将依法取消托管资格。三是进一步落实基金托管人的共同受托职责，通过在法规上明确细化托管人各项法定职责，强化托管业务的内部控制要求，使基金持有人权益得到最大限度地保障。同时，鼓励基金托管人拓宽服务内容，积极开展增值服务与新兴服务，不断提升服务水平与服务质量。

（二）证券公司资产管理产品托管业务

2013年是证券公司资产管理业务快速发展和创新层出不穷的一年，截至2013年末，证券公司受托管理的资金规模达4.6万亿元，较2012年增长143%，出现这种局面主要得益于以下几个方面：监管机构鼓励创新，审核制改事后备案制，极大地提升了产品的发行速度；定向及集合理财投资范围的扩大，丰富了证券公司与银行、信托公司的合作方式；配合新证券投资基金法，大集合产品将停发，而证券公司的资产管理规模是申请公募牌照的重要门槛之一，部分证券公司有发行大集合冲规模的举动。

证券行业资产管理规模在政策红利下快速增长，在行业创新环境的培育下，各类产品创设不断涌现，但是在券商资产管理业务爆发式增长的现状下，业务发展也遇到了发展瓶颈：

一方面，监管层的出台一些收紧的监管政策。2013年3月，中国银监会发布《中国银监会关于规范商业银行理财业务投资运作有关问题的通知》（银监发〔2013〕8号），要求银行理财产品投资非标债券不得超过理财产品余额35%及银行上年度总资产的4%；同年，国务院下发《国务院办公厅关于加强影子银行监管有关问题的通知》（国办发〔2013〕107号），对银行理财、信托、金融交叉产品和业务合作、民间融资、担保、网络金融、私募基金进行业务规范，都标志着监管政策逐渐收紧。中国各大经济部门都面临去杠杆压力，尤其是金融机构利用同业代付业务、买入返售业务等各种同业交易，规避监管发展表外业务、不断累积风险。金融机构监管部门已开始通过措施及货币政策限制银行同业业务过快增长，限制银行非标投资规模，促进银行去杠杆化，导致短期资金价格明显抬升规模，银行购买及代理非标资产更趋谨慎，这种趋势将在2014年继续延续。

另一方面，通道业务同质化严重，导致利润微薄。目前，以券商定向资产管理计划为载体的银证合作发展出多种模式。包括银证票据合作、银证信贷资产合作、银证及银信贷款合作以及银证保存款合作及银证保同业合作等。根据市场统计数据表明，银证合作已增长至券商资产管理业务总规模的70%以上，沦为银行表外资金的另一个新通道，这并不是真正意义上的创新，券商通道业务同质化严重，引起券商之间恶性竞争导致利润率微薄。

对商业银行资产托管业务而言，随着证券公司资产管理产品的不断丰富及创新，对托管银行服务要求及效率也提出了更高的要求。

1. 托管银行需要积极配合证券公司产品创新。除正常的固定收益类产品外，证券公司未来将会在资产证券化业务、股票质押回购业务、量化对冲产品、衍生品业务等方面加大产品创新力度，另外公募基金资格的放开，使得未来券商、保险、私募等机构均可加入到公募行业中来，目前东方证券资产管理已获取首张券商公募牌照。这些都要求托管银行在核算估值、投资监督以及信息系统支持方面提出更高要求。

2. 积极应对证券公司托管业务的服务竞争。根据《非银行金融机构开展证券投资基金托管业务暂行规定》相关内容，以证券公司为代表的非银行金融机构可以开展资产托管业务，证券公司的基础服务功能得到进一步加强。目前海通证券、中信证券、国泰君安等大券商已着手组建资产托管部门，对商业银行托管业务将产生直接竞争。

（三）信托财产保管业务

2013年信托行业仍然保持了快速稳健发展，全年资产规模突破10万亿元大关，达到10.91万亿元。从信托财产来源看，单一资金信托占比继续提高，首次超过了70%，达到71.28%，其中：低端客户驱动的银信合作单一信托占比继续下降为21.39%，高端客户驱动的非银信合作单一信托占比继续提升为49.89%；集合资金信托占比23.28%。受益于近年来信托行业的飞速发展，各托管银行信托财产保管规模也保持了一致的增长态势，但随着“大资管”时代的到来，信托业将会面临严峻的挑战，对信托行业未来发展趋势的准确把握，对提升托管服务水平，抢占有利市场至关重要。

信托行业发展面临的挑战主要来自两个层面：一是业务层面的挑战。不断发育成长的资产管理市场、业界自身的开拓创新是信托行业持续发展的驱动力，但信托业独特的制度安排是促成这种发展的根源。现行法律制度安排赋予了信托公司管理信托财产时极其灵活的经营方式，但随着证券公司、保险公司、基金子公司等主体的不断进入，信托业所拥有的上述制度红利将被日益削弱，信托公司原有业务模式的“替代效应”和“挤出效应”已经开始显现。二是监管层面的挑战。证监会、保监会此轮推出的资产管理“新政”，旨在放松管制和鼓励创新，在监管上赋予了其他资产管理机构更加宽松的监管环境。相比之下，信托公司的监管环境则要严格得多，其他资产管理机构比信托公司具有明显的监管优势，体现在业务准入、合格投资者数量限定、受益权流转及业务净资本约束等多个方面，这些资产管理机构拥有的上述监管政策优势，将逐步转化为竞争优势，加剧了对信托公司的竞争挑战。

同时监管层对于信托业务的主基调是要加快推动信托公司业务转型，明确信托公司“受人之托、代人理财”的功能定位，推动信托公司回归信托主业，运用净资本管理约束信托公司，不开展非标资金池业务，及时披露产品信息，探索信托受益权流转。

1. 创新型信托产品带来的增长值得期待。2013年，土地信托、消费信托、家族信托“三大创新”成为信托业的三大亮点，2013年11月中信信托与招商银行合作推出的消费信托，让信托行业打开思路，中信信托也计划在食品、养生、度假、艺术品及红酒等领域陆续展开探索与复制。家族信托在2013年也迎来元年，改革开放30年，中国第一批民营企业已成长为资产规模庞大的家族控股企业，财富正向第二代转移，平安信托、外贸信托等公司正式推出中国版家族信托。随着新农村改革大幕的开启，土地信托在2013年备受关注。中信信托与北京信托两家公司率先试水土地信托，包括中粮信托、上海信托在内的多家信托公司也都表示正在研究，而全国各地政府与信托公司的合作意愿强烈。土地流转信托由于制度优越性，被认为将在农地流转方面大有所为，而更重要的是，此项业务更是信托公司进入新一轮农村改革市场的敲门砖。

2. 证券类信托将有所回暖。2013年受益于资本市场的回暖，证券投资类集合信托发行力度加大，整体规模超过了2012年全年，占比也有所增长。改革所释放的制度红利有可能在资本市场率先展现，证券投资可能会有更好表现。从信托公司转型的着力点上看，证券投资类集合信托更能够贯彻信托公司做主动管理业务的理念，未来标准化产品资金池、债券伞形信托、定增产品、新股申购等都将有发展需求。

3. 信托与其他资产管理“通道”的业务合作将持续拓宽。随着“大资管”时代的来临，券商、基金、保险都成为资产管理行业的重要参与者，既加剧了市场的竞争，更拓展了各个机构合作的空间。与其他资产管理平台相比信托的优势在于模式灵活，信托受益权有流转登记机制。但是我们看到在整个资产管理行业快速发展的过程中，各个金融主体之间有竞争，更有合作，竞争的结果不是“你死我活”，而是“你中有我，我中有你”。托管机构应加强创新模式的思考，引导信托、券商、保险、基金平台的合作，拓展托管空间。

4. 互联网金融开启信托发展新思维。2013年，互联网金融备受关注，信托行业也盯上了这块蛋糕，多家信托公司都相继踏上互联网金融之路。互联网金融给信托公司带来的首要改变就是新渠道，尽管还面临监管限制，但是线上平台对信托业是一个机遇，可以大大弥补信托公司没有实体销售网点和分支机构的弱势，信托业进军互联网，或能解决信托销售中的信息不对称和资源不对称问题，通过竞价包销优化信托销售现状，这将比通过银行、第三方理财公司销售的成本要低很多。互联网金融开启信托新思维，为信托公司摆脱同质化、形成各自的核心竞争力提供新机遇。

（四）商业银行理财产品托管业务

2013年，商业银行理财产品发行数量为4.3万余款，募集资金规模达28.8万亿元，分别较2012年增长了51.6%及33.8%，继续保持了快速稳健发展态势。但外部环境已开始发生转折，存款利率市场化进程加快，监管机构对表外业务持续施压，基金、信托、券商、保险等资产管理的对手竞争明显，未来银行理财业务快速发展趋势已受到严重挑战。从中国银行业协会的相关统计数据来看，商业银行理财产品托管余额在2011年和2012年末分别占行业托管总额的27.48%和27.25%，但2013年末占比已下降至23%，领先优势开始缩小。

1. 外部监管政策持续收紧，托管服务有待加强。2013年3月，银监会下发《中国银监会关于规范商业银行理财业务投资运作有关问题的通知》（银监发〔2013〕8号），规范商业银行理财产品间接投资非标准化资产业务，在提出“理财资金投资非标准化债权资产的余额在任何时点均以理财产品余额的35%与商业银行上一年度审计报告披露总资产的4%之间孰低者为上限”的同时，对银行理财产品托管也提出了具体要求，即“实现每个理财产品与所投资资产（标的物）的对应，做到每个产品单独管理、建账和核算”。

当前银行理财产品的托管大多都由发行该理财产品的商业银行承担，涉及银行内部的产品创设部门及资产托管部门的分工协调，基本可实现每个产品单独管理、建账及核算，但部门间的职责划分、风险隔离等措施需要进一步细化，不断提升银行理财产品的托管服务水平，促进银行理财业务的稳健发展。

2. 银行理财产品设计不断创新。2013年10月，在银监会主导下，10家商业银行参与了资产管理业务试点，推出了商业银行“理财资产管理计划+理财直接融资工具”试点计划。该项试点工作在2013年共开展了两期，整体规模300亿元左右。

该业务推出的背景主要系在以往理财业务实践中，委托、受托法律关系不甚清晰，各家银行基本对理财产品负有刚性兑付义务。试点业务明确银行在销售理财产品时只收取管理费，法律关系向信托关系贴近，逐渐培育“卖方有责，买方自负”的理财观念。在赋予银行独立管理人地位的同时，此次试点也配套放宽了银行资产管理权限，在投资端引入了理财直接融资工具，在降低理财业务运作成本的同时，也有利于防范投资通道带来的风险。

对托管银行而言，不仅需要建立银行理财管理计划托管机制，而且需要配合创设部门提高理财产品的透明度，以充分披露理财产品风险；同时提高对清算核算、产品估值、信息披露等方面的专业化服务水平，推进理财产品向制度标准化迈进。

（五）保险资金托管业务

保险资金投资渠道狭窄，资产管理主体单一、资金投资收益率不高等原因长期以来一直制约着保险资产管理业务的发展。2012

年10月以后，保险资产管理市场化改革步伐明显加快，保监会依据“放开前端，管住后端”的监管思路，大力拓宽保险资金投资范围，推动保险资产管理公司积极转型，积极融入泛资产管理时代的市场竞争。截至2013年末，保险公司总资产规模突破8万亿元大关，达8.3万亿元，全行业实现投资收益3 658.3亿元，收益率5.04%，是4年来的最好水平，市场化改革成果初现。

1. 保险资金投资范围及种类持续扩大。保险资金托管从股票投资资产开始，随着保险资金投资范围的逐步放开，保险资金资产配置策略组合也越来越丰富，从过去的集中于高信用等级的各类债券、债券型基金、货币市场工具等组合逐渐可以扩展到各个久期，对于期限和信用的运用更加灵活。保险资金托管产品的投向也同步扩大，将形成包括股票、债券、基金、股指期货、金融衍生品、商业银行理财产品、信贷资产支持证券、集合资金信托计划、证券公司专项资产管理计划、基础设施债权计划、不动产计划、股权计划及项目资产支持计划等各类金融产品。

2. 保险资产管理公司面临全方位竞争。在大资产管理时代来临之际，保险资产管理公司将与信托公司、证券公司在资产管理业务领域展开全方位竞争，受托管理的资产不再局限于保险资金，委托人不再局限于保险资产管理公司股东，保险资产管理公司理财方式不再局限于传统的资金委托方式。在发展初期，主要是以委托管理为主，随着资金规模的扩大，以及客户对资产管理的个性化要求，资产管理公司开发个性化的资产管理产品将成为必然。2013年2月，证监会《资产管理机构开展公募证券投资基金管理业务暂行规定》的发布让保险资产管理公司、证券公司、私募证券基金管理机构、股权投资管理机构、创业投资管理机构等资产管理机构拿到了公募基金的入场券。在受托管理保险资金的基础上，拓展第三方机构理财业务，进入公募理财市场将是保险资产管理公司发展的大趋势。

3. 保险资金托管业务机遇凸显。保险资金托管业务的发展与保险资产管理业务的发展紧密相连，保险资产管理公司的产品创新在提升市场活跃程度、提高保险资产管理公司管理水平的同时，也对各家托管机构提出了更高的要求。托管银行需要技术系统、风险控制、专业能力、服务意识等各方面做出相应的创新和改进，以适应不断发展变化的市场。虽然保险资金传统投资托管业务的存量市场基本由五大国有商业银行占据，短期内格局较难改变。但借助保险资产管理业务市场化改革进程不断推进，以保险资产管理产品、基础设施及不动产计划产品、项目资产支持证券为创新载体的创新业务不断推出，未来中小托管银行将会结合各自的业务发展优势，在上述创新托管业务领域持续发力，托管业务市场份额将持续扩大。

（六）私募股权投资基金托管业务

2013年，国内股权投资行业继续处于整合调整阶段，在资本市场退出渠道仍未放开的前提下，全年募资规模继续收缩。但股权投资基金是组合资本、技术、管理等要素的先进金融投资工具，当前对我国改善传统单一的融资结构，大力提高直接融资业务比重，促进资源优化配置和产业升级，支持中小企业发展都具有重要意义。随着IPO重启、监管政策逐步完善等利好措施出台，股权投资行业将逐步进入健康快速发展阶段，同时为银行托管市场带来新的发展机遇。

1. 外部监管政策逐步调整到位。2013年6月，中央机构编制委员会办公室印发的《关于私募股权基金管理职责分工的通知》，明确证监会负责私募股权基金行业微观事务的监管，包括《证券投资基金法》赋予证监会对非公开募集基金备案、基金管理人登记等事项。而发改委由微观事务管理转为对行业宏观发展政策的制订以及政府引导基金等出资的标准与规范。2014年1月，中国证券投资基金业协会发布《私募投资基金管理人登记和基金备案办法（试行）》，将私募基金界定在“以非公开方式向合格投资者募集资金设立的投资基金，包括资产由基金管理人或者普通合伙人管理的以投资活动为目的设立的公司或者合伙企业”，并主要对“基金管理人登记、基金备案、基金从业人员管理、信息报送”四个方面提出相关规定，证监会同时在草拟《私募投资基金管理暂行办法》，我国私募股权行业监管体系及行业规范初步形成，为行业未来健康有序发展打下良好基础。

2. 托管服务范围不断延展，专业要求不断提高。证监会《资产管理机构开展公募证券投资基金管理业务暂行规定》明确私募证券基金管理机构、股权投资产管理机构、创业投资产管理机构等可以进入公募基金领域，与基金管理公司、证券公司、保险资产管理公司等进行公开竞争，多家私募基金管理公司已着手开始准备公募基金发行等相关工作，为银行托管业务带来新的业务领域。

另外，股权投资基金托管业务不仅要做好账户监管、资金清算等基本托管服务，更需要借助资产托管业务的平台，对内整合资源，在基金前期资金募集，中期项目推荐，后期融资支持等多方面提供持续增值服务，对托管银行专业服务、整合资源等综合服务能力要求较高，需要托管银行不断适应市场变化，积极提升服务能力及专业水平，提高自身竞争力。

（七）跨境资产托管业务

在全球金融一体化与证券市场国际化的大背景下，中国资本市场对外开放程度不断提高。近年来，监管机构积极推动跨境资金双向流动，鼓励国内机构及个人投资者参与国际资本市场，同时不断简化流程吸引国外投资者进入中国投资，针对QFII、RQFII、QDII、QFLP等制度新政不断推出，放宽了参与机构及投资标的的范围。同时，随着人民币国际化进程加快，大宗商品及国际兼并收购等跨境交易日益频繁，境内外客户对跨境资金的托管需求日益强烈，托管市场前景广阔，潜力巨大。

对于托管银行而言，跨境托管服务对托管银行专业能力提出了更高要求，不仅要求对国内的法律法规、证券交易、税收政策、结算规则和模式非常熟悉，能够随时解答客户的有关问题，而且要对国际证券市场的通行操作模式有较深的了解，不能完全寄希望于将境外资产保管完全委托给境外托管银行执行，需要托管银行加强对跨境托管业务知识的学习、积累，加强与国内、外先进托管银行的学习沟通交流，不断提升各家托管银行自身的核心竞争力。

三、资产托管顺应“大资管”时代的发展不断前进

面对利率市场化的加快、银行息差不断受到挤压以及市场竞争日益激烈等不利因素的影响，传统银行业务的盈利模式受到了前所未有的挑战。同时，我国金融市场体系也正在经历着意义深远的变革与发展，各类非银行金融机构的不断发展、资本市场（尤其以直接融资为主）的迅猛发展同样也为商业银行转换经营模式朝着集约化、专业化的方向发展提供了难得的机遇。伴随着直接融资市场的改革变化和财富管理市场的飞速发展，资产托管作为解决信托关系下信息不对称的第三方中介，其地位和作用日益凸显。业内人士普遍认为，未来十年间，国内资产托管行业将面临难得的发展机遇，在深化金融改革、纵深发展资本市场、强化财富管理和银行转型等推动下，资产托管业务将呈现多元化、持续稳健发展的态势。

“大资管”时代的到来，不仅带动了泛资产管理产业快速发展，顺应其时代潮流的还有资产托管业务，2013年底国内托管银行托管资产已接近35万亿元。资产托管业务的发展，也离不开资产管理行业的监管者。目前，资产托管业务的监管机构从银监会、证监会、保监会、人力资源和社会保障部、社保基金会、国家发改委等都有一定的监管权。但在诸多资产管理行业的监管政策中，只有《证券投资基金法》等少数法规明确定义了资产托管人的职责，而其他的监管政策对托管都没有明确定义，包括信托行业也没有定义保管人。故而，国内资产托管机构（虽已有证券公司等新的进入

者，但现阶段仍以商业银行为主）的业务操作基本上都是按照《证券投资基金法》来高标准地执行。

在此过程中，资产托管业务在竞争中促进了托管行业的发展，又进一步推进了资产管理行业的健康前行。比如近几年发展较快的兴业银行资产托管业务，并没有过度依赖销售渠道，该行证券投资基金托管仍占相当小的比例。但是，就客户结构而言，兴业银行不仅参与了金融机构的资产托管，也参与了大量私募基金、PE公司股权等各类投资的托管，还包括保险资金。纵观其发展可以发现，在资产托管与资产管理的合作过程里，坚持稳健发展与合作共赢的理念，兴业银行的资产托管一直做在前面，比如为信托搭建平台，将银行理财产品对接信托，当信托业面临监管，则将银行理财产品对接券商产品和基金子公司资产管理业务。

尽管除了商业银行以外，中国的资产托管行业又加入了证券公司等新的准入者，给竞争环境带来一定的变化。从短期看，银行具备天然的客户群和网点优势，可以从发行主体一直延伸到资产管理，包括中间的托管业务跟踪，促进资产管理业的发展。

值得一提的是，首先国内资产托管行业仍然处在起步阶段，尽管已有近35万亿元的托管规模，但仍然与国际上全球托管银行的差距巨大。其次，必须要看到，当前制约资产托管业务发展的最大发展瓶颈，是复合型人才的缺乏。尽管证券、基金与信托公司都有很强的产品设计与投资能力，但缺乏信贷资产的有效风险管理，如何面对众多投资项目对接，PE管理等，就需要大量了解各行各业、各种金融创新与风险管理的授信人员、信用管理、信用风险管理控制人员。最后，提高资产托管行业的风险控制能力，一直是永恒的话题。如一些新兴的金融机构刚刚进入资产管理领域，无论是技术到人才，特别在风险控制理念层面，有时也需要托管银行去完善后台风险管理水准。

总之，商业银行资产托管业务的发展在某种程度上顺应了资产管理业务发展的需求，二者的融合程度将进一步增强。一方面，资产管理业务需要资产托管来保证客户财产的安全；另一方面，托管业务和资产管理业务的结合提供了更多的金融创新产品，实现了各项金融业务的联动发展，资产托管业务的市场竞争也会更加丰富多彩。

第二节　互联网金融对托管业务的机遇和挑战

互联网正在极大地改变着现代社会生产、生活模式。随着阿里小贷和余额宝的横空出世，以阿里巴巴和腾讯为代表的互联网企业开始进军国内金融市场。随着支付宝公司和天弘基金管理公司合作，由中信银行托管并监督的天弘增利宝货币市场基金（余额宝）成为我国最大的基金，互联网金融成为2013年金融业最热门的话题之一。如何在互联网金融发展潮流中，找准位置、创新开拓成为资产托管行业面临的重要课题。

一、互联网金融为资产托管业务带来新的市场空间

互联网金融凭借信息处理和组织模式方面的优势，规模发展迅速，为资产托管行业带来新的市场空间。

（一）互联网金融的特点

1. 低廉的交易成本。互联网以及移动互联网不仅进一步降低了软硬件等显性的经济成本，而且降低了包括时间成本在内的各种隐性成本，显著提高了信息和服务的可获得性。以支付宝为代表的第三方支付建立在互联网支付网络之上，打破了银行对支付的垄断，在支付网络的组织和清算等方面，互联网企业已全面进入支付产业链。

2. 有效的大数据分析方法。通过海量数据处理，人们能够更清楚地看到抽样统计所无法揭示的细节信息。采用大数据将有助于金融机构提高产品设计的有效性，优化营销资源的配置，并带来信用

风险管理技术的显著提升。掌握相关数据及其分析方法的互联网机构将会在银行、评级机构或信用债投资者的竞争中占据明显优势，并将推动中国融资体系脱媒加速。

3. 人人组织的兴起。微博、淘宝和微信的迅速传播，开始改变人们传统的金融消费习惯，对传统线下面对面的理财顾问财富管理模式，以及券商主导的筹资模式产生冲击。

4. 双边平台作用获得空前提升。双边平台为银行提供了密切接触海量客户的机会，并为基于大数据的信用风险管理提供了可持续的数据优势来源，成为互联网金融竞争的核心。

（二）资产托管业务与互联网金融结合已是必然趋势

1. 托管是互联网金融变革的受益者。不论是互联网企业从事金融，还是金融企业进入互联网领域，都要谋求协同效应。由于商业银行托管业务特质、资金清算、监督管理等集约化优势和银行公信力，商业银行资产托管业务已成为互联网金融变革的受益者。

2. 资产托管行业积极试水互联网金融。互联网金融从第三方支付工具——支付宝所提供的余额宝产品开始，随后P2P网贷、众筹等不断相继问世，冲击着传统银行业务。与传统业务深受余额宝类产品的冲击相反，银行的资产托管业务成为互联网金融的受益者。国内托管银行紧跟这股冲击浪潮，紧抓各类新生业务机会，抢占有利位置。通过与各家基金管理公司和互联网机构合作，托管银行积极进行各类创新货币基金的托管，带动了自身业务的快速增长。在电商渠道货币基金方面大步前进的同时，托管银行纷纷试水各类相关互联网金融业务。兴业银行对东方证券阿里小贷类信贷资产证券化的托管，中国民生银行、上海浦东发展银行、中国邮政储蓄银行尝试单用途预付卡资金存管业务，北京银行托管的嘉实保证金理财场内实时申赎货币市场基金上线，广发银行成为腾讯“财付通”苏宁易付宝的监督银行，都体现了托管银行对互联网金融创新的强烈参与意识，也支持了整个资产托管行业的快速发展。

二、互联网金融背景下资产托管业务的机遇

互联网金融的兴起，伴生着利率市场化、人民币国际化等金融改革，为资产托管行业带来更多的市场机遇：电商货币基金在对储蓄造成冲击的同时，也扩大货币基金托管规模；创新的互联网金融，也为资产托管服务带来新需求，即从传统的资产保管、资金清算、会计核算向监督、数据支持以及授信支持等综合银行服务延展。

（一）既有业务领域规模扩张

由于互联网平台企业的海量客户和极低的交易成本，使得互联网成为“普惠金融”的最佳实现手段。余额宝类产品大大降低了货币基金的投资门槛，成功地将标准化固定收益产品延伸到原来资产管理行业未曾服务的客户群，大大拓展既有产品的市场领域。互联网技术、利率市场化和“大资管”时代对金融格局产生多重交互的激荡，将推动普惠金融的全面深化，进一步拓展基金、理财产品和信托等产品市场空间，为传统资产托管产品的发展和扩张提供了良好的前景。托管银行应积极把握机会，抓住机遇，实现行业的快速发展。

（二）新业务领域

资产托管机制自1998年引入国内，凭借其独特的增信机制和专业特性，不断地扩展其服务的领域，市场领域的内涵和外延不断加深、拓展。互联网金融（特别是人人组织等、双边平台）存在着资金所有人、使用人与第三方中介角色分离，而资产托管则是确保客户资金安全、第三方平台有效监督的最好解决方案。目前托管银行已经开始参与到第三方支付平台的资金监督和托管，但各类新型互联网金融的资产托管服务仍有很大发展空间。

（三）P2P网贷

为保障P2P网络借贷平台的健康发展，人民银行建议建立平台资金第三方托管机制。在监管力量的推动下，通过托管账户实现P2P平

台资金与信息流分离已是大势所趋。托管银行可在监管机构和银行业协会的指导下，充分发挥托管机制的优势，及早进入该领域，形成统一的服务规范，提供可靠的资金安全保管和监督服务。

（四）众筹模式

利用互联网平台，进行商品预售或者项目筹资，具有明显的资金集合特性。为避免资金挪用，需要托管银行作为独立第三方，保管资金并接受出资人的委托对资金用途进行监督。为有效控制和使用募集资金，在银行或第三方支付机构开立账户直接归集资金。除上述现存业务模式，预计互联网金融企业将不断创设新的业务模式，将不断扩展资产托管服务领域和服务对象，创造新的资产托管业务机会。

（五）托管服务的创新带动其他银行业务

随着互联网金融的不断演进发展，对相关的托管服务内容提出更多需求，在既有的传统资产保管、资金清算、会计核算和投资监督等传统服务的基础上，针对互联网金融具有的海量数据处理、7×24小时不间断服务、客户需求多样等特征和需求，提供支付便利、监管银行、数据服务等增值服务。不仅资产托管服务本身需要延展，托管业务解决方案中逐渐加入其他银行服务，形成新的收入增长点，例如货币基金的T+0增值服务使得托管银行融资功能得以发挥，其服务已从纯中间业务转向中间业务和资产负债业务的组合服务，极大地提升了托管业务在行内的地位和影响力。

（六）跨界与竞合中的机会

随着互联网金融的快速发展，金融机构与互联网企业各自的跨界实践越来越多，互联网企业的第三方支付、微型贷款、金融产品代销等创新服务层出不穷。金融机构的工具创新，如中国建设银行的善融商务、交通银行的交博汇、中信银行的异度支付POS贷、E中信等，在不同程度上具备了互联网金融的部分要素。未来的互联网金融格局将是金融企业与互联网企业相容共生的生态，两类企业基于比较优势进行合作与分工，这种竞合格局将会更有利于互联网金融的长期发展，托管银行应把握跨界竞合趋势，不断探索新的业务机会，积极参与获得市场份额。

三、托管业务面临的挑战

（一）托管银行需要具备互联网精神

托管银行需要引入“开放、平等、协作、分享”的互联网精神，建设更具独立性、更加高效的组织结构，降低门槛，开放协作，充分依托现有业务、技术和客户基础，全面融合互联网思维和技术，加快推动资产托管业务创新和技术应用创新，完善产品研发体系、运营支持体系和风控体系。面对创新的互联网文化与强调风控银行文化产生的冲突，需要托管银行从业人员积极适应变化，围绕客户的极致体验，重构托管服务流程，提高托管服务水准。

（二）托管信息系统需要不断进步

资产托管服务的实质是对数据进行处理，产出所需的数据与信息。虽然国内托管银行纷纷加大了信息系统建设的投入，取得了良好进展。但与互联网企业及互联网金融对信息技术的要求相比，仍需持续更新。当前，资产托管行业在应对互联网金融的挑战时，普遍缺乏针对互联网金融的主动、前瞻的整体设计和长远规划。全球托管业及国内托管银行业发展历程显示，信息系统的支撑是托管行业发展的最重要基础，而大数据、云计算等信息技术应用，更是不能忽视。因此，国内托管银行应加大信息系统应开发力度，以有效应对互联网金融挑战。

（三）风险管理需要与时俱进

互联网金融是全新模式的新兴行业，银行是经营风险的传统行业。互联网新模式下的风险管理，是摆在监管机构和参与方的难题，特别是如何界定、计量和管理风险。虽然托管银行经营中主要面对操作风险，但在国内复杂的信用环境中，内外因素的交织和变幻，构成托管银行在互联网金融下快速发展的内控环境。

互联网金融发展正展示出不可低估的发展潜力，紧跟技术和业务趋势，发挥想象力和创新动力，商业银行资产托管业务将迎来更加灿烂的明天。

第三节　上海自贸区建设与资产托管业务发展

2013年9月29日中国（上海）自由贸易试验区正式挂牌，国务院印发的上海自贸区总体方案规定了政府职能转变、金融制度、贸易服务、外商投资和税收政策等多项改革措施。上海自贸区将成为中国经济的升级版，自贸区的建立和发展必将带动包括金融服务在内的一系列创新和改革。

一、上海自贸区建设推进改革不断深化

纵观中国（上海）自贸区的建设历程，未来自贸区的发展建设有两条主线，早期一明一暗，中远期将齐头并进、协同发展。早期的明线就是围绕如何做好贸易航运中心这篇大文章，依托制度变革、服务升级和产业配套把中国（上海）自贸区这个亚洲乃至世界级的自由贸易中心真正建起来。而与之配套的金融改革是一条暗线，围绕便利贸易的目标推动，金融服务在跨境资金流动、跨境投资便利化和利率市场化等方面创新变革，“尽快形成与国际投资贸易通行规则相衔接的基本制度框架”以服务贸易中心建设的需要。中远期，随着贸易中心的建立，金融中心建设将会水到渠成、独立成篇成为另外一条明线，其中推动跨境资本投资和自由流动会是重点，涉及建立面向国际的交易平台、各种金融市场产品创新、投资准入管理和跨境投资市场建设等各个不同方面。

2013年12月2日中国人民银行出台了《关于金融支持中国（上海）自由贸易试验区建设的意见》，特别提出了着力推进人民币跨境使用、人民币资本项目可兑换、利率市场化和外汇管理便捷等领

域改革试点的目标和措施，改革立意深远，推进意愿坚决。

二、上海自贸区建设形成新的市场领域

随着中国（上海）自贸区建设步伐的不断加速，必将对我国跨境贸易、跨境投资和人民币离岸资金中心建设启动重要推动作用。在此过程中，将为商业银行带来新的市场机遇，促进商业银行发展。

（一）对接整合跨境交易

随着全球贸易中心的起步，仓储物流服务的高度信息化，各类线上线下的新型贸易平台、企业全球资金管理中心将大量涌现。如何与这些贸易平台、资金中心对接整合，实现快速高效的贸易跨境资金支付、在线贸易融资和电子商务ESCROW托管服务，将成为商业银行发展业务的全新机遇和竞争重点，如近来推出的“跨境通”购物平台就是明证。

（二）形成跨境股权并购市场

中国企业要“走出去”，国外产业资本也要跨进来，跨境资本投资和自由流动是自贸区金融改革的另外一个重点。随着中国（上海）自贸区中离岸资金市场的形成，在完善投资准入、跨境投资便利化管理等政策的支持下，跨境股权并购市场应将会在上海自贸区内形成。据不完全统计，2012年中国企业海外投资并购金额已达652亿美元，商业银行投行业务和ESCROW托管业务市场机会巨大。

（三）建立全球人民币金融中心市场

全球人民币金融中心市场的建立，与离岸人民币市场建设相辅相成。尽管香港地区、新加坡和伦敦人民币离岸业务各具优势，但中国（上海）自贸区作为一个有着大量实体贸易支撑的人民币离岸资金中心一旦形成，区位优势将无可比拟，大量的跨境人民币投融资业务应会涌现，必将为银行资金业务和QDII\QFII\RQFII\QDLP托管业务带来发展机会。

三、上海自贸区建设为资产托管行业带来新机遇

托管产品是商业银行为资本全球自由流动服务的最佳载体。从海外商业银行的发展经验看，伴随着资本的全球流动（投资和贸易），资产托管已经成为商业银行为其服务的重要基础盈利产品之一，通过为世界各地的投资者、跨国公司的全球业务提供各类专业托管服务，主要包括ESCROW托管服务（全球账户资金保管、跨境资金的有条件支付、汇兑及代理业务、并购及融资服务等）及全球证券投资托管服务，商业银行资产托管业务获得快速发展。

（一）ESCROW（有条件支付）托管服务

1. 基于各类在线现货贸易、物流综合电商平台的电子商务托管产品。贸易自由和便捷的背后需要一个信息化整合程度很高的平台进行支持，平台需要有条件支付、跨境资金清算和贸易融资等金融服务支持，这些服务或产品的形态和流传渠道已不同于传统形态。

研发电子商务托管产品就是一个针对各类在线贸易平台在有条件支付、资金跨行（未来跨境）清算等方面的一个综合解决方案，与传统银行结算产品不同，它不仅作为结算行客户参与平台交易服务，而且为平台的全客户群提供服务。目前此类产品中支付宝做得最好，支付宝的成功源于淘宝网和天猫商城。中国（上海）自贸区建立后，大量的物流园区和企业贸易平台将会出现。这些平台的出现为电子商务托管产品提供了巨大的机会，如商业银行能把其贸易融资产品和电商托管产品整合成信息流和资金流互通的一体化产品，将为银行在互联网领域建立核心竞争力。

2. 离岸环境下并购领域的ESCROW市场。ESCROW托管为并购市场尤其是跨境并购市场服务在海外是非常成熟的一类银行产品，目前这类业务外资银行的市场占比很高，主要是依托其广泛的境外网点和便捷的资金汇路通道。随着中国（上海）自贸区离岸资金中心的形成，拓展并购领域的托管机会将成为非常重要的一个业务方向。

3. 企业全球资金管理中心模式。国际化企业的资金管理中心必然建在全球金融中心地，如联想全球资金管理中心设在新加坡。如何吸引这些资金中心回流国内市场，应将是未来中国（上海）自贸区的重头戏。为这些资金管理中心提供一站式、覆盖供应链合作伙伴的全账户资金管理服务，将是托管银行未来能否在这些国际化企业中扎根发展的关键。尽管银行集团资金账户是银行服务这些国际化企业的一项成熟产品，但很多跨国公司需求更为广泛，供应链伙伴经常就会出现多客户账户协同管理及跨境等需求，而这恰是ESCROW托管服务的强项。

（二）证券投资领域托管服务

金融中心的出现会形成金融集聚效应，金融集聚以良好的经济基础为后盾，同时通过集聚效应、规模效应的发挥，对区域经济的发展产生深刻的影响。在全球化、信息化和跨国企业发展的宏观背景下，金融集聚效应对促进上海地区经济协调发展具有非常重要的现实意义。随着上海金融中心建设的推进，以投资为目的的资金流动和产品创新将会不断涌现，作为这类投资行为和资金流动提供配套服务的托管业务将面临巨大的发展机遇，其中最被看好的还是为跨境人民币投融资QDII\QFII\RQFII提供的各类托管服务。

中国加入WTO后，以廉价劳动力这一优势加入国际分工和全球化竞争。如今，中国通过自由贸易区这个试验田，推动资本市场双向开放，让国内的资本要素“走出去”，和国际市场深度融合，同时也让国外的投融资者走进来，提高中国资本市场的国际化程度，从而逐步形成具有国际影响力的金融中心。而跨境股权投资和证券投资这类投资形式正好契合了自贸区资本流动的需要，迎来了新的发展机遇，从而为提供此类产品托管服务的商业银行带来了新的、更宽广的市场空间。